JN105548

よくわかる！

# 日本語能力試験 合格テキスト

# 聴解

南雲智 監修
建石一郎 著

# はじめに

私たち留学生就職サポート協会は 2019 年 8 月に発足した一般社団法人です。日本に留学した外国人留学生が日本の教育機関を卒業後、日本の企業に就職するためのサポートを目的としています。

日本で就職するためには、かなり高度の日本語能力が企業からは求められます。そこで私たちは 2021、22 年度に日本語能力試験 N1 に合格できる日本語の力が身につく日本語テキスト 5 冊（読解、聴解、文法、漢字、語彙）を作成、出版しました。

一方、N1 レベルを学習するまでの日本語能力に到達していない日本語の学習者がたくさんいることも知りました。そこで、N1 レベルには到達していないけれど、もう少し日本語能力向上の学習をすれば、日本語能力試験 N2 に合格できるにちがいない学習者の皆さんのために、『よくわかる！日本語能力試験 N2 合格テキスト』5 冊を刊行することにしました。

どの領域も学習者が興味を持ち続け、学習意欲を落とさずに日本語能力が高められるように工夫されています。留学生の皆さんがこの教科書を手にし、最後まで手放さず日本語能力試験 N2 に合格できることを私たちは心から祈っています。

どうぞ、この『よくわかる！日本語能力試験 N2 合格テキスト』を信頼して学習を進めていってください。

2023 年 11 月

留学生就職サポート協会理事長　南雲 智

# この本の使い方

## 1　聴解テキストの目的

（1）日本語能力試験 N2 聴解の合格を目指す。

（2）日本語に対する聴解力を高めるための言葉の習得をする。

（3）日常会話だけでなく、日本社会・生活・文化・自然など多くの様相を理解する。

## 2　日本語能力試験Ｎ２「聴解」の出題

幅広い場面で使われる日本語の理解を求めるための問題構成と問題形式があります。

| 問題１～５ | 問題数 | 問題の傾向 |
|---|---|---|
| 課題理解 | 5 | まとまりのあるテキストを聞いて、内容ができるかどうかを問う（具体的な課題解決に必要な情報を聞きとり、次に何をするのが適当か理解できるかを問う） |
| ポイント理解 | 6 | まとまりのあるテキストを聞いて、内容ができるかどうかを問う（事前に示されている聞くべきことをふまえ、ポイントを絞って聞くことができるかを問う） |
| 概要理解 | 5 | まとまりのあるテキストを聞いて、内容ができるかどうかを問う（テキスト全体から話者の意図や主張などが理解できるかを問う） |
| 即時解答 | 12 | 質問などの短い発話を聞いて、適切な応答ができるかを問う |
| 総合理解 | 4 | 長めのテキストを聞いて、複数の情報を比較、統合しながら、内容ができるかどうかを問う |

＊独立行政法人国際交流基金、財団法人日本国際教育支援協会の情報より

試験時間　50 分　　得点　0 ～ 60 点

## ３　テキストの構成について

最初に日本語能力試験 N2 の「問題紹介」を行い、その後に問題構成を第１章～第５章に分けてあります。

問題紹介は序章として試験問題の全体像を理解します。その後の各章は試験問題に沿って「問題の形式」になれることから理解を深める練習をします。各章には練習問題があります。比較的理解しやすい問題から、難しいと思われる問題があります。

どんな問題でも、分からない時には、二度三度とテキスト問題を聞き取りながら、聴解力を高めてほしいと思います。そのために本書は作られています。

目次◎よくわかる！日本語能力試験Ｎ２　合格テキスト〈聴解〉



## 【問題紹介編】

### 序章　問題の全体像を理解しよう



## 【基本問題編】

### 第１章　「課題理解」問題の形式と内容に慣れよう



### 第２章　「ポイント理解」問題の形式と内容に慣れよう

## 第3章 「概要理解」問題の形式と内容に慣れよう



## 第4章 「即時応答」問題の形式と内容に慣れよう



## 第5章 「統合理解」問題の形式と内容に慣れよう

## 【実践問題編】



## 【問題解答編】

「問題紹介編」「基本問題編」の会話文と解答



## 【実践問題解答編】

# 問題紹介編

## Ⅰ 課題理解
## Ⅱ ポイント理解
## Ⅲ 概要理解
## Ⅳ 即時応答
## Ⅴ 統合理解

「聴解」の試験は5つの形式の問題です。
最初に5つの形式の問題と、その特徴をつかみましょう。

## 音声に注意して聞き分け、特徴に慣れよう

聞き取るときの発音には充分注意をしましょう。聞き間違えると全体の意味が理解できません。とくに小さい（っ・ッ）などの促音、同じように小さい（ゃ・ゅ・ょ）拗音や長く伸ばす長音（おおい・クーラー）、それに濁点（゛）、半濁点（゜）など、注意して聞き取りましょう。その他にはアクセントやイントネーションにも気をつけて聞いてください。

### 練習 1-1 A01

**文を聞いてa・bのいずれかに○をしてください。**

**例** 朝の（ ⓐ 練習　b 連中 ）に出かけた。

(1) 私に（ a 読書　b 特賞 ）は大切なもの。
(2) 日本の（ a 闇　b 山 ）は奥深い。
(3) 彼は（ a 技能　b 機能 ）がすぐれている。
(4) 我が家の（ a 姉　b 屋根 ）は瓦です。
(5) 私は（ a 九州　b 九十 ）から来ました。
(6) （ a 毛並み　b 花見 ）のいい犬だ。
(7) （ a 泡の　b 川の ）流れは速い。
(8) （ a おい　b 多い ）と誰かが声をかけた。
(9) （ a 夢　b 豆 ）は食べるものである。
(10) （ a 宣教　b 選挙 ）に行ってきた。

## 練習 1-2 A02

**文を聞いてa・b・cのいずれかに○をしてください。**

**例** 自宅は（ ⓐ安心　b 遠心　c 愛心 ）できる場所。

（1） 船で（ a 航海　b 公開　c 公害 ）する予定だ。

（2） 春の（ a 長め　b 眺め　c 長雨 ）には困っている。

（3） 彼は（ a おちゅうし　b おちょうし　c おちゃうし ）者だよね。

（4） 君の（ a がっこう　b かっこう　c かっこ ）はどこですか。

（5） 問題の（ a 船体　b 全体　c 前代 ）をつかんでください。

（6） （ a 外車　b 会社　c 会所 ）で出勤する。

（7） （ a 電磁　b 天使　c 電子 ）マネーのご案内。

（8） （ a 砂金　b 借金　c ざっきん ）を返したの。

（9） （ a エアーコン　b エア・コン　c エラ・コン ）を部屋に取り付けた。

（10） （ a やったり　b やっぱり　c やっぱり ）私は好きだった。

## 短縮形と縮約形の変化に注意しよう

「短縮形」は、例えば「話している」を「話してる」と言うように「～ている」を「～いる」と言い、「い」を抜いたり、また長音である言葉「おはよう」を「おはよ」と言ったりします。「縮約形」は会話に多く使われます。言葉を縮小して使うのが「縮約形」です。

| 元の形 | 変形の短縮形・縮約形 | 例文 |
| --- | --- | --- |
| ている | いる | 話している （話してる）<br>聴いている （聴いてる） |
| ていく・でいく | てく・でく | 遊びについていく （遊びについてく）<br>鳥が飛んでいく （鳥が飛んでく） |
| あ・う・え | 元の形を取る | ああ、いいね （あ、いいね）<br>ごきげんよう （ごきげんよ） |
| てお | と | 見ておきます （見ときます） |
| ては・では | ちゃ・じゃ | 話してはだめ （話しちゃだめ）<br>あなたのではないの （あなたのじゃないの） |
| ても・でも | たって・だって | 歌ってもいいわ （歌ったっていいわ）<br>何でもやれる （何だってやれる） |
| と・という | って | 合格したと聞いた （合格したって聞いた）<br>旅行するという （旅行するっていう） |
| きは・けば | きゃ | 行きはしない （行きゃしない）<br>見なければいい （見なきゃいい） |

## 練習(れんしゅう) 2-1 A03

会話(かいわ)とそれに対(たい)する返事(へんじ)を聞(き)いて、
最(もっと)もよいものをａからｃの中(なか)から一(ひと)つ選(えら)んでください。

例(れい) （ a ⓑ c ）

（1） （ a b c ）

（2） （ a b c ）

（3） （ a b c ）

（4） （ a b c ）

（5） （ a b c ）

（6） （ a b c ）

（7） （ a b c ）

（8） （ a b c ）

## 短縮形と縮約形の変化に注意しよう

### 練習 2-2　A04

会話を聞いて、元の形をひらがなで書いてください。

例　そうか、はじまっているか

（1）先生は、＿＿＿＿＿＿＿＿。

（2）夏なのに、＿＿＿＿＿＿＿＿。

（3）スポーツ、＿＿＿＿＿＿＿＿。

（4）＿＿＿＿＿＿＿＿夢ではない。

（5）＿＿＿＿＿＿＿＿出かける。

（6）＿＿＿＿＿＿＿＿ことにした。

（7）こんどは、＿＿＿＿＿＿＿＿。

（8）これから、＿＿＿＿＿＿＿＿。

（9）今すぐ、＿＿＿＿＿＿＿＿。

（10）ここはカバンが、＿＿＿＿＿＿＿＿。

# I 課題理解

「課題理解」では、まとまりのあるテキスト（会話）を聞いて、指示や依頼、命令、助言などの具体的な情報課題を聴き取り、これから何をしなければならないか理解し判断する問題が出ます。問題にはイラストだけの場合もあり、文字だけの場合もあります。試験では問題の前に練習があります。例題をやってみましょう。

## 例題 1

**まず質問を聞いてください。それから話を聞いて、問題用紙の１から４の中から、最も よいものを一つ選んでください。**

1　アルバイト先が少なくなった。

2　アルバイトが見つからない。

3　日本経済の見通し。

4　留学生は帰国する。

# 序章　問題の全体像を理解しよう

## Ⅰ　課題理解

**会話**

留学生が学生と話をしています。
留学生と学生はなにを話していますか。

留学生：アルバイト探しているけど、なかなか見つからないよ。
学　生：どんな仕事をしたいの。
留学生：なんでもいいんだ。生活費が欲しいからね。
学　生：実は僕も探しているんだよ。人手不足って言われているけど見つからない。
留学生：一週間で時間的には 28 時間だけど。それができないんだよ。
学　生：以前は飲食業とかコンビニとかあったけど、
　　　　それもコロナ禍でだいぶ難しくなっちゃった。
留学生：そうなんだ。パンデミックが続いて自粛ばかり、日本の経済も厳しい。
　　　　それでアルバイトもなくなった。
学　生：留学生も帰国した人たちがいるね。

**答え　2**

**解説** 留学生と学生はアルバイトを探していることを話しています。「なかなか見つからない」と最初に言っています。理由は「コロナ禍」での社会の変化です。その変化は「人手不足」であるのに、アルバイトがないとも言ってます。以前のように留学生のアルバイト先であった飲食業やコンビニもコロナ禍の影響を受けています。留学生の中には帰国する人たちもいるという。

## Ⅱ ポイント理解

「ポイント理解」は、まとまりのあるテキスト（会話）を聞いて、（会話）のポイントを絞ってその内容が理解できるかどうかの問題です。（会話）の理由や目的、話し手の伝えたい気持ちを正しく理解することが求められます。問題の前に練習があります。例題をやってみましょう。

### 例題 2

**まず質問を聞いてください。**
**そのあと、問題用紙のせんたくしを読んでください。読む時間があります。**
**それから話を聞いて、問題用紙の１から４の中から**
**最もよいものを一つ選んでください。**

1　海鮮カレーを作る。
2　ホタテやエビを買いに行く。
3　玉ねぎを炒める。
4　野菜と海鮮を一緒に炒める。

## Ⅱ　ポイント理解

**会話**

**男の人と女の人が話をしています。**
**男の人は、最初に何をしなければなりませんか。**

男：今夜、カレーにしようと思ってる。食べに来てくれる？
女：私はベジタリアンじゃないけど、お肉は食べられないのよ。
男：じゃ海鮮カレーにするよ。何を入れればいいかな。
女：ホタテやエビなど入っているとうれしいけど。
男：野菜も入れるんだよね。野菜などは買い置きがある。ところで、最初に炒めるのは何。
女：えっ、知らないの。玉ねぎからよ、作れるの。
男：だいじょうぶだよ。よく食べに行ってるから。野菜と海鮮は一緒に炒めていいかな。
女：別に問題はないけど心配だわ。手伝ってあげようか。

答え　2

**解説** 男の人はカレーを作るので、女の人を招待しています。ところが女の人は「ベジタリアンじゃない」が「お肉は食べない」と、不安になって伝えています。男の人は「海鮮カレー」と言って女の人の食べられるものを作りたいと思いました。材料については「ホタテやエビ」があるといいと女の人は言います。彼は野菜など「買い置きがある」と言います。必要なのは「ホタテやエビ」です。男の人は最初にこれらを買いに行かなければなりません。後は作り方が問題なだけです。

## Ⅲ 概要理解

「概要理解」はある話のテキストを聞いて、話の全体的な内容から主題、話し手の主張や意図などを理解して判断し、正しく解答する問題です。試験では、問題の前に練習があります。例題をやってみましょう。

### 例題３

**全体としてどんな内容かを聞く問題です。話の前に質問はありません。まず話を聞いてください。それから質問とせんたくしを聞いて、１から４の中から、最もよいものを選んでください。**

| 1 | 2 | 3 | 4 |
|---|---|---|---|

## Ⅲ 概要理解

**会話**

**男の人がシェア空間について話をしています。**

シェアハウスと言う言葉が使われてから随分と経ちます。今はそのシェア空間をどう活用するかで、新しい人間関係も生まれてきます。コロナ禍ではシェアオフィスなどが活用されました。車のシェアもガソリンスタンドが行ったりしています。駐車場もそうです。旅行時のレンタルハウスもそれに当てはまります。便利だからということで利用者も多くなっています。しかし、問題もないわけではないです。利用後の後始末など問題もあります。提供者との連絡は密にし、部屋などの場合はトラブルを避けるため写真を撮るなどの対策も必要です。

**トラブルを避ける対策として何が必要と言っていますか。**

1　人間関係が必要。
2　車はシェアに限る。
3　使用後の後始末。
4　写真を撮る。

答え　4

**解説** シェア空間の活用について話しています。新しい人間関係、コロナ禍のオフィスの在り方、車のシェアなど、様々なところでシェア空間が活用されています。しかし、「便利だから」といって、問題がないわけではありません。例えば「利用後の後始末」があります。トラブルを防ぐには要因となる証拠が必要です。そのために「写真を撮る」ことを勧めています。

## Ⅳ 即時応答

「即時応答」は質問、問い合わせ、報告、依頼など多くの短い発話を聞いて、即時に適切な応答ができるかの問題です。試験では、問題の前に練習があります。例題をやってみましょう。

**最初に聞く文章は短いですが、誰が何を言いたいのかすぐに理解することが大切です。**
**同時に、応える文章も聞いてすぐに理解する必要があります。言葉はイントネーションによっても異なります。**
**その意味を理解するうえでイントネーションの聞き取りは大切です。**

### 例題４

**まず問いかけとそれに対する返事を聞いて、１から３の中から、最も良いものを一つ選んでください。**

（1）　1　2　3

（2）　1　2　3

**会話**

（1）男　：レポート手伝ってもらえないか。
女１：ハンカチは持っているよ。
２：昨日にしてね。
３：今日ならいいわ。

（2）女　：明日もジョギング、一緒に走らない。
男１：無駄なことはしない。
２：時間が合えばね。
３：汗はかきたくない。

**答え**　（1）３　（2）２

## Ⅳ 即時応答

**解説**（1）では、

男の人はレポートを「手伝ってもらえないか」と言ってます。緊急性が考えられます。この言葉に肯定的なのは「今日ならいいわ」です。男の人はこれでレポートを終わらせる見通しが立ちます。もしかすると、明日にでも提出できるかもしれません。

**解説**（2）では、

「明日も」と女の人が言っているのは、男の人と今日、一緒にジョギングしたのです。それで「明日も」一緒に走りたいと誘ったのです。男の人は「時間が合えば」と応えたのは一緒に走る時間を心配しての返事です。

## V 統合理解

「統合理解」は、比較的長いテキスト（話や会話）を聞いて、多くの情報を比較検討し、あるいは統合して、いかに内容を正しく理解できるかの問題です。とくに二つの傾向の問題があります。
・話し手の会話の意見、評価を聞き取る問題。
・ある話を聞いた後で、その話に関連する意見、評価を聞いてから判断する問題。

試験のときに練習問題がありません。例題をやってみましょう。

### 例題5

**まず話を聞いてください。それから、質問とせんたくしを聞いて、１から４の中から、最も よいものを一つ選んでください。**

| 1 | 2 | 3 | 4 |
|---|---|---|---|

### 会話

**車を売りたいという人が、友達と話しています。**

男　：あなたの愛車のお値段調べてみませんかって、ポストにチラシが入っていた。
女　：えっ、車を売りたいと思っているの。
男２：インターネットでも時々出ているね。最大７社の見積もりをしますって。
男　：７社の見積もりって、それ見るだけで大変だね。
女　：そうね。年式から走行距離だとか、車種など登録するんでしょ。
男２：そうなんだよ。それらを人気順に並べたりしているらしい。
男　：僕の車は、年式は少し古くなるけどレクサスなんだ。
女　：それって人気がある車じゃない。
男２：事故車じゃないよね。
男　：当り前じゃないか。ただちょっと傷をつけたことはあるけど。
女　：それって事故車じゃないの。

## V 統合理解

男２：事故車っていうのは、過去に車のフレームを損傷して、
その個所を修復した車を言うんだよ。

**男の人の車は売ることができるでしょうか。**

1　傷アリとして売りに出す。
2　事故車として売りに出す。
3　特に問題なく売りに出す。
4　修復歴を書いて売りに出す。

**答え**　3

**解説** 男の人は車を売りたいと思っています。売りたい理由は言いませんが、友達は心配して、「事故車ではないか」と訊いています。「ただちょっと傷をつけた」ことがあると男の人は応えてます。この傷は心配のようですが、友達が言う事故車の規定とは違っています。売る際にはあえて「傷アリ」としなくてもよいのです。

### 例題 6

**まず話を聞いてください。それから、二つの質問を聞いて、１から４の中から、最も よいものを一つ選んでください。**

**質問１　先生は留学生を定住させるのに何を身につけさせなければいけないと言っていますか。**

1　懸け橋の役割。
2　日本語と英語力。
3　就職活動。
4　年功序列。

| 1 | 2 | 3 | 4 |
|---|---|---|---|

**質問2　留学生の人材確保が難しいのはどうしてですか。**

1　転職する。
2　就職試験。
3　給料が高い。
4　日本語能力が高い。

| 1 | 2 | 3 | 4 |
|---|---|---|---|

**会話**

**先生が留学生の定住について話をしています。**

先　生：留学生と言いますと、昔は日本と海外との懸け橋という役割がありました。今では日本の大学の国際化を進めるだけでなく、日本企業の高度な人材確保の意味があります。しかし、なかなか日本社会に留学生は定住しません。問題はいくつかあるでしょう。一つには就職してもキャリアアップと言う転職が難しいということです。二つ目は給料が低いということがあります。三つ目は理系でないと就職先が難しいです。そこで文系は外資系になってしまいます。卒業後のキャリア展望が見えないことも要因です。定住を進めるには、高度な日本語能力と英語力も身につけなければならないです。
学　生：留学生って、意外に大変なんだね。企業の人材確保の問題もあってさ。
留学生：私は理系ではないから、就職は難しいかな。
やっぱり外資系か。でも、このまま日本に住み続けたいのよね。
学　生：僕たちは逆に外資系は難しいよ。ともかく長く勤めたいからね。
留学生：日本人も将来の目的はキャリアを積むことじゃないの。
学　生：そんな人も増えて来たけど、まだ若者は意外に海外に出たがらないよ。
留学生：ともかく、もっと日本語能力を高めないと、今のままでは難しいわ。

**答え　質問1**　2　**質問2**　1

## V 統合理解

### 解説 質問1

先生は日本の留学生の歴史と、現在の留学生への期待の違いについて話しています。大学では国際化の役割であり、企業にとっては高度な人材確保です。しかし、留学生は日本社会に定住しません。いくつか外的理由も挙げています。基本的には留学生の「高度な日本語能力と英語力」が問われているのです。

### 解説 質問2

留学生の人材確保は定住とリンクしています。ここでは「転職」「給料が低い」「理系と文系の違い」などを否定的にとらえています。それに言語能力も同様です。

# 基本問題編
きほんもんだいへん

## 「聴解」の試験で出題される
ちょうかい　しけん　しゅつだい

**「課題理解」「ポイント理解」「概要理解」「即時応答」「統合理解」**
かだいりかい　　　　　りかい　　　がいようりかい　　そくじおうとう　　とうごうりかい

**5つの形式について、練習問題を中心に学んでいきましょう。**
けいしき　　　　　れんしゅうもんだい　ちゅうしん　まな

# I 何をするかをめぐる表現

まとまりのあるテキスト（会話・説明）を聴いて、指示や依頼、命令、助言などの具体的な情報課題を聴き取り、これから何をしなければならないか内容を正しく理解することができるかの問題です。会話や説明から解決に必要な情報を聞きとり、その後に何をしなければならないかを理解することが大切です。「します」「しますか」「何をしますか」「しなければなりませんか」などの質問に注意して聞きましょう。

## （1）試験では、せんたくしを最初に読んでおくことが大切です。

1　銀行に行く。
2　30 分後に駅前で会う。
3　買い物を一緒にする。
4　郵便局に行く。

## （2）会話の流れ

**状況の説明・質問を聞く** → **会話を聞く** → **もう一度質問を聞く**

**状況の説明・質問を聞く**

↓

**薬局で女の人と男の人が話をしています。**

**会話を聞く**

↓

女：調剤する時間、20 分待ってくださいって言われたわ。混んでいるのよね。
男：他に用事や買い物があったよね。
女：駅前の郵便局に行って、郵送するものがあるの。それから銀行にも寄らないと。
男：じゃ、先に行って用を足して来ればいい。僕はここにいるよ。
女：だめよ。駅前スーパーでの買い物もあるし。
男：買い物は一緒にするとして、30 分後に駅前のポストの前で会うことにしよう。

女：それならいいわね。

男：よし、そうしよう。

**もう一度質問を聞く**

↓

**女の人はこの後まず何をしますか。**

答え　4

**解説** 調剤する時間と言っていますから、二人は薬局にいます。薬を受け取る時間は20分後とのこと。時間をうまく使いたい女の人は駅前の「郵便局」「銀行」とスーパーに行きたいと思っています。男の人は「先に用を足して」と勧めています。スーパーでの「買い物は一緒に」そのために「30分後に駅前のポストの前」にと伝えています。「それならいい」と女の人は同意しています。

# I 何をするかをめぐる表現

指示や依頼、命令、助言などの具体的な情報課題を聴き取るために、それらの言葉をまず学びましょう。そして誰がするかを理解しましょう。

| 話し手 | | | 聞き手 | |
|---|---|---|---|---|
| 指示 | して | これ　それ　あれ　どれ | 助言 | いかがですか |
| | | これにして　それがいい | | どうですか |
| | | あれにして　どれがいい | | のほうがいい |
| | | どちらかにして | | ではないですか |
| 依頼 | て＋ | やってもらえる | 依頼 | やってもらえますか |
| | | くれる | | 話してもらえますか |
| | | ほしい | | できますか |
| | | おねがいします | | いただけますか |
| 命令 | といて／ | やっといて／やっとけ | 提案 | いいと思います |
| | とけ | 書いといて／書いとけ | | いいじゃないですか |
| | | 写しといて／写しとけ | | 試してみてください |
| | | やれ | | |
| 申し出 | やらせ | やらせてほしい | | |
| | | やらせてください | | |

**例** 指示と助言について

男：机の上のあれ書き写しといて。

女：えっ、コピーしたほうが早いわよ。

**解説** 男の人は女の人に、「書き写しといて」と言っています。

これは指示です。女の人はそれを受けて、「コピーしたほうが早い」と助言しています。

**例** **依頼と提案について**

女：時間がかかりそう。手伝ってほしいんだけど。

男：君なら一人でできると思うよ。

**解説** 女の人は男の人に、「手伝ってくれる」と言っています。これは依頼です。
男の人はそれを受けて、「一人でできる」と提案しています。

**例** **命令と依頼について**

男：早めに企画書をやっとけよ。

女：でも、ちょっとは手伝ってもらえますか。

**解説** 男の人は女の人に、「やっとけよ」と言っています。これは命令です。
女の人はそれを受けて、「手伝ってもらえますか」と依頼しています。

**例** **申し出について**

女：今回の展示プロジェクトは私にやらせてください。

男：よろしくたのむよ。

**解説** 女の人は男の人に、「やらせてください」と言っています。これは申し出です。
男の人はそれを受けて、「よろしくたのむよ」と了解しています。

# I 何をするかをめぐる表現

## 練習 1-1 A05

まず、会話を聞いてください。女の人と男の人ではどちらがやるのかA・Bのどちらかに○をつけてください。

（1）（ A 女の人　B 男の人 ）

（2）（ A 女の人　B 男の人 ）

（3）（ A 女の人　B 男の人 ）

（4）（ A 女の人　B 男の人 ）

（5）（ A 女の人　B 男の人 ）

（6）（ A 女の人　B 男の人 ）

## 練習 1-2 A06

まず質問を聞いてください。それから、問題用紙のせんたくしを読んでください。つぎに会話を聞いて、問題用紙の１から４の中から、最もよいものを一つ選んで○をつけてください。

1　シフト変更を店長に話す。
2　商品を倉庫へ運ぶ。
3　商品を奥の棚の上に載せる。
4　映画を観に行く。

| 1 | 2 | 3 | 4 |
|---|---|---|---|

## Ⅱ しますꞏどうしますか

「します」には「しますか」「どうしますか」「何をしますか」「何をしなければなりませんか」の問いかけがあります。これらにはかならず、「誰が」が存在します。その「誰が」は話し手であったり、聞き手であったりします。そして解答を導き出すための言葉として同意であったり、否定であったり、すでに決まっていたり、終わっていたりの言葉があります。それらの言葉の使い方をまず理解しましょう。

| 同意を求める言葉 | | 同意の言葉 | 同意しない言葉 |
|---|---|---|---|
| ～して | かならず | 了解です | わからない |
| | これから | もっともです　わかりました | ちょっとむり |
| | それから | もちろんです　それがいい | だが　しかし |
| | 確認・紹介 | わかった　そうする | とはいえない |
| | ちゃんと | はい　うん | むずかしい |
| して～ | ほしい | よろしく | できない |
| | ください | そうだね | とはいっても |
| | | そういうことか | むり |
| その他 | お願い | そうなんだ | だめです |
| | たのむ | | |

| 決定などの言葉 | | 終了の言葉 |
|---|---|---|
| ～ている | 決まっ | じゃ、よろしく |
| ～てる | 歌っ | それまで |
| | 約束し | そうです |
| | 待っ | (おわり) だった |
| ～する | 判断　達 | ～した (最後にした　そうじをした) |
| | 確定 | ～た (見た　聞いた) |
| | | 了解 |

## Ⅱ します・どうしますか

決定・終了などは双方に同じ言葉を使うことが多い。それらはイントネーションなどによって使い分けられてもいる。イントネーションである音声を聞き分けることが大切です。また命令調は下降する音声であり、疑問などは上昇する音声になりがちであるので注意しましょう。

### 例 同意を求める　～　同意する

男：これ、一緒にやる。

女：もちろん。

### 例 同意を求める　～　同意しない

女：図書館へ行かない。

男：ちょっとむり。

### 例 決定などの言葉

男：就活はどう。

女：もう、決まってる。

### 例 終了などの言葉

女：彼に伝えておくね。

男：じゃ、よろしく。

## 練習 1-1　A07

まず、会話を聞いてください。男の人はどう思っていますか。
A・Bのどちらかに○をつけてください。

（1）（　A　同意する　　B　同意しない　）

（2）（　A　同意する　　B　同意しない　）

（3）（　A　同意する　　B　同意しない　）

（4）（　A　同意する　　B　同意しない　）

（5）（　A　同意する　　B　同意しない　）

（6）（　A　同意する　　B　同意しない　）

## 練習 1-2　A08

まず質問を聞いてください。それから、問題用紙のせんたくしを読んでください。
つぎに会話を聞いて、問題用紙の1から4の中から、
最もよいものを一つ選んで○をつけてください。

1　マグカップをプラスチック容器の袋に入れる。

2　マグカップをペットボトル用袋に入れる。

3　マグカップを不燃物用袋に入れる。

4　マグカップを近くにある袋に入れる。

| 1 | 2 | 3 | 4 |
|---|---|---|---|

## Ⅲ 何をしますか

「何をしますか」は、先にするもの、後にするものなどがあります。問題にはする事の順序を聞いている場合が多いです。それらの表現について学びましょう。

**先にする順序の言葉**

| | | |
|---|---|---|
| 最初に | 初め（に・は） | 先に |
| まず | 今から | その前に |
| これから | こっちから | |
| ここから | | |
| それから | そこから | |
| そっちから | | |
| あそこから | あっちから | |
| はじめに | | |
| むしろ～から | | |
| とりあえず | | |

**後にする順序の言葉**

| | |
|---|---|
| 次に | 後に |
| た後で | ～の後で |
| 最後に～ | |
| 後に回す | |
| ～で終わり | |
| 終わりに～ | |
| その後 | |

## 練習 1-1 A09

まず、会話を聞いてください。女の人は最初に何をしますか。
A・BあるいはA・B・Cのいずれかに○をつけてください。

（1）（ A 水を飲む B 歯をみがく ）

（2）（ A 半額セール B 洗濯 ）

（3）（ A 買う B 買わない ）

（4）（ A 本 B 閲覧室 C 化粧室 ）

（5）（ A 用紙に記入 B 診察 C 検温 ）

（6）（ A 合格 B 免許証 C 警察 ）

## 練習 1-2 A10

まず質問を聞いてください。それから、問題用紙のせんたくしを読んでください。
つぎに会話を聞いて、問題用紙の1から4の中から、
最もよいものを一つ選んで○をつけてください。

1 なでたり、抱っこしたりする。
2 しっぽをお尻に巻き込む。
3 目をよく合わせる。
4 大きな声で吠えさす。

| 1 | 2 | 3 | 4 |
|---|---|---|---|

# Ⅳ 何をしなければなりませんか

「何をしなければなりませんか」は当事者にとって行動の必要性や義務、あるいはその行動が大切である時の行為です。また、周りからはそれが当たり前のこととして求められている行為でもあります。これに似ている言葉があります。

## 意味の似ている言葉

| | | |
|---|---|---|
| しなくてはならない | する必要がある | するべきだ |
| することが求められている | それは欠かせない | |

## 練習 1-1 A11

まず、会話を聞いてください。男の人は何をしなければなりませんか。
A・Bのいずれかに○をつけてください。

（1）（ A レポートを書く B コンパに行く ）

（2）（ A ワクチンを射つ B ワクチンを射たない ）

（3）（ A アルバイト続ける B 説明会に行く ）

（4）（ A 空間を大きく B 地震対策 ）

（5）（ A 出口で降りる B 出口で降りない ）

（6）（ A ノートを買う B ノートを写す ）

## 練習 1-2 A12

まず質問を聞いてください。それから、問題用紙のせんたくしを読んでください。つぎに会話を聞いて、問題用紙の１から４の中から、最もよいものを一つ選んで○をつけてください。

1　みどりの窓口へ行く。

2　インターネットで「えきねっと」を申し込む。

3　インターネットで「えきねっとトクだ値」と「格安チケット」を比べる。

4　インターネットでビジネスホテルに申し込む。

| 1 | 2 | 3 | 4 |
|---|---|---|---|

## 質問のポイントを理解しよう

ポイント理解では最初に質問があります。質問の中にあるポイント情報をまず聞き取りましょう。それから問題用紙のせんたくしを読んでください。そのための時間はあります。次に会話を聞きます。会話を聞きながら会話の意図を理解します。最後に問題用紙のせんたくしの中から答えを探します。

**（1）問題用紙に問題の流れとせんたくしが印刷されています。**

**（2）問題・会話の流れ**

**問題を聞く・状況の説明**  **会話・説明を聞く**  **もう一度質問を聞く**

**問題を聞く・状況の説明**

**男の人と女の人の会話を聞いてください。**
**女の人はどうして一緒に行きたいと言っていますか。**

**会話・説明を聞く**

男：このところ毎日残業だった。仕事が忙しすぎるのも困りものだ。
女：そうね。なかなか私たちの時間も取れないからね。
男：そうなんだ。好きなドライブにも行けなかったし。
女：私の方も遠慮してたの。
男：でもさ、やっと終わったんだ。
女：じゃ、今日は一緒に行きたいわ。

**もう一度質問を聞く**

**女の人はどうして一緒に行きたいと言っていますか。**

せんたくしの言葉

1　男の人の仕事が終わったから。
2　女の人は時間がとれたから。
3　男の人の仕事が忙しいから。
4　女の人は遠慮に疲れたから。

答え　1

**解説**

男の人は「やっと終わった」と言っています。これは仕事のことです。これで自由になれると相手に知らせています。男の人の忙しい時間には、女の人が「私たちの時間」も好きなドライブも「遠慮して」行けなかったのです。ところが男の人の仕事がやっと終わったので、ドライブにも行けると思って、「一緒に行きたい」と言っているのです。

## 問題の形式を理解しよう

ポイント理解では、問題について「どうして」「何」「どう」「どんな」「いつ」などの言葉で始まり、その後に「ていますか」「ですか」などの言葉で終わります。その間に、話のポイントがあり会話を聞くことによって会話の意図を理解することが必要です。

## I どうして〜ていますか

「どうして」は会話の中に疑問や推量などが入って、問題の原因や方法について答えを求めている時に使います。同じような言葉が他にもあります。

### 「どうして」と同じような意味を持つ言葉

| 原因・方法・理由などの疑問 | 用語の使い方 |
|---|---|
| どうやって | どうやってみつけたのですか。 |
| どんなふうに | どんなふうに作ったのですか。 |
| どういうわけで | どういうわけで日本語を習っているのですか。 |
| なぜ | なぜ、黙っているの。 |

**練習 1-1** A13

まず、問題を聞いてください。
そしてA・Bのどちらか正しい方に○をつけてください。

（1）（ A スマホで検索　B 地図を買う ）

（2）（ A パン屋で買った　B 砂糖と卵と小麦粉など ）

（3）（ A 読みたいと思った　B 読みたいとは思わない ）

（4）（　A　歩いているだけ　　B　めんどうだから　）

（5）（　A　出がけに忘れた　　B　そうだったかな　）

## 練習 1-2　A14

**まず質問を聞いてください。それから、問題用紙のせんたくしを読んでください。つぎに会話を聞いて、問題用紙の1から4の中から、最もよいものを一つ選んで○をつけてください。**

1　美味しい料理を食べたい。
2　夫もリモートになってほしい。
3　イラストレターになればよかった。
4　夫婦で家事をやりたい。

| 1 | 2 | 3 | 4 |
|---|---|---|---|

## 練習 1-3　A15

**まず質問を聞いてください。それから、問題用紙のせんたくしを読んでください。つぎに会話を聞いて、問題用紙の1から4の中から、最もよいものを一つ選んで○をつけてください。**

1　新しい職場に移動したから。
2　朝が早くて毎日眠いから。
3　自分の希望通りだから。
4　きれい好きをやめたから。

| 1 | 2 | 3 | 4 |
|---|---|---|---|

## Ⅱ 何が～ていますか

「何が」とは一つとして「反語」の意味を表す言葉として使われることがあります。反語とは意味を強めたり、表面的な意味に反対であるという意味を含めた言葉です。ですから「何が」は「どうして」と同じような意味を持つことがあります。またある事柄に対しては、結果は当然そうなのだという感情を表したりもします。「何が悪いのか」「何がダメなんだ」ということです。更に「何が欲しい」というような時には、いろいろなものがあるところから特にこれと選ぶ意味もあります。使いかたを理解して、意味を理解しましょう。

### 「何が」についての意味と使いかた。

| 反語・結果の当然・選択 | 用語の使いかた |
| --- | --- |
| 反語 | 何だ、私が知らないって。 |
| | 川で泳いで何がいけないの。 |
| 結果の当然 | 何が悪いんだ。 |
| | 何がダメなんだ。 |
| 選択 | 何を選んだらいいか分からない。 |
| | 何から食べたらいいのだろう。 |

### 練習 1-1 A16

まず、問題を聞いてください。
そしてA・B・Cの中から正しいものに○をつけてください。

（1）（ A 反語 B 結果の当然 C 選択 ）

（2）（ A 反語 B 結果の当然 C 選択 ）

（3）（ A 反語 B 結果の当然 C 選択 ）

（4）（ A 反語 B 結果の当然 C 選択 ）

（5）（　A　反語<ruby>（<rt>はんご</rt>）</ruby>　　B　結果の当然<ruby>（<rt>けっか</rt>）（<rt>とうぜん</rt>）</ruby>　　C　選択<ruby>（<rt>せんたく</rt>）</ruby>　）

（6）（　A　反語<ruby>（<rt>はんご</rt>）</ruby>　　B　結果の当然<ruby>（<rt>けっか</rt>）（<rt>とうぜん</rt>）</ruby>　　C　選択<ruby>（<rt>せんたく</rt>）</ruby>　）

## 練習<ruby>（<rt>れんしゅう</rt>）</ruby> 1-2　🔊 A17 ～～～～～～～～～～～～～

まず質問<ruby>（<rt>しつもん</rt>）</ruby>を聞<ruby>（<rt>き</rt>）</ruby>いてください。それから、問題用紙<ruby>（<rt>もんだいようし</rt>）</ruby>のせんたくしを読<ruby>（<rt>よ</rt>）</ruby>んでください。つぎに会話<ruby>（<rt>かいわ</rt>）</ruby>を聞<ruby>（<rt>き</rt>）</ruby>いて、問題用紙<ruby>（<rt>もんだいようし</rt>）</ruby>の1から4の中<ruby>（<rt>なか</rt>）</ruby>から、最<ruby>（<rt>もっと</rt>）</ruby>もよいものを一<ruby>（<rt>ひと</rt>）</ruby>つ選<ruby>（<rt>えら</rt>）</ruby>んで○をつけてください。

1　野菜<ruby>（<rt>やさい</rt>）</ruby>
2　ビニール袋<ruby>（<rt>ぶくろ</rt>）</ruby>
3　ハサミ
4　妻<ruby>（<rt>つま</rt>）</ruby>の帽子<ruby>（<rt>ぼうし</rt>）</ruby>

| 1 | 2 | 3 | 4 |

## 練習<ruby>（<rt>れんしゅう</rt>）</ruby> 1-3　🔊 A18 ～～～～～～～～～～～～～

まず質問<ruby>（<rt>しつもん</rt>）</ruby>を聞<ruby>（<rt>き</rt>）</ruby>いてください。それから、問題用紙<ruby>（<rt>もんだいようし</rt>）</ruby>のせんたくしを読<ruby>（<rt>よ</rt>）</ruby>んでください。つぎに会話<ruby>（<rt>かいわ</rt>）</ruby>を聞<ruby>（<rt>き</rt>）</ruby>いて、問題用紙<ruby>（<rt>もんだいようし</rt>）</ruby>の1から4の中<ruby>（<rt>なか</rt>）</ruby>から、最<ruby>（<rt>もっと</rt>）</ruby>もよいものを一<ruby>（<rt>ひと</rt>）</ruby>つ選<ruby>（<rt>えら</rt>）</ruby>んで○をつけてください。

1　美意識<ruby>（<rt>びいしき</rt>）</ruby>が高<ruby>（<rt>たか</rt>）</ruby>い
2　ピアスの習慣<ruby>（<rt>しゅうかん</rt>）</ruby>を持<ruby>（<rt>も</rt>）</ruby>っている
3　ピアスは歴史<ruby>（<rt>れきし</rt>）</ruby>が古<ruby>（<rt>ふる</rt>）</ruby>い
4　ピアスは魔除<ruby>（<rt>まよ</rt>）</ruby>けだ

| 1 | 2 | 3 | 4 |

## Ⅲ どう

「どう」は前に述べた言葉や、聞いた言葉を受けて、「その時には何をするのですか」の意味を表しています。それは相手の考え、判断を聞くことでもあります。その他にも状況をたずねたり、意見・感想を求めたりします。

### 「どう」を使う言葉

| 「どう」を使う言葉 | | 用語の使いかた |
|---|---|---|
| どう | どうします | 予約はどうします |
| | どうする | 雨が降って来たけど、どうする |
| | どうでしょう | チケットを取ったけど、どうでしょう |
| | どうなる | その結果は、どうなるの |

**練習 1-1** A19

まず、問題を聞いてください。そしてA・B・Cの中から正しいものに○をつけてください。

（1）（ A 状況 B 意見 C 感想 ）

（2）（ A 状況 B 意見 C 感想 ）

（3）（ A 状況 B 意見 C 感想 ）

（4）（ A 状況 B 意見 C 感想 ）

（5）（ A 状況 B 意見 C 感想 ）

（6）（ A 状況 B 意見 C 感想 ）

## 練習 1-2 A20

まず質問を聞いてください。それから、問題用紙のせんたくしを読んでください。つぎに会話を聞いて、問題用紙の1から4の中から、最もよいものを一つ選んで○をつけてください。

1 デリバリーのアルバイトは楽しそう
2 バイクで車道を走るのは危険ではないのか
3 学生のアルバイトは安い
4 入店祝い金が気になっている

| 1 | 2 | 3 | 4 |
|---|---|---|---|

## 練習 1-3 A21

まず質問を聞いてください。それから、問題用紙のせんたくしを読んでください。つぎに会話を聞いて、問題用紙の1から4の中から、最もよいものを一つ選んで○をつけてください。

1 肘の状態
2 手術のこと
3 遠投のこと
4 下半身の強化

| 1 | 2 | 3 | 4 |
|---|---|---|---|

## Ⅳ どんな

「どんな」は、はっきりしない不明なものの状態や程度、性質などを表すときに用いる言葉、「どんなときに、雨が降るのだろう」や「どんなことでもやり遂げる」などがあり、後者の場合は物事に左右されないという意味で使われる。

### 「どんな」の使い方について

| どんなの使い方 | はっきりしない | 左右されない |
|---|---|---|
| 状態 | どんなに寒いの | どんな天気でも出かける |
| 程度 | どんな気持ちなの | どんなにむずかしくてもいい |
| 性質 | どんな人なの | どんなに疲れても我慢する |

### 練習 1-1 A22

まず、会話を聞いてください。
そしてA・Bの中から正しいものに○をつけてください。

（1）（ A はっきりしない B 左右されない ）

（2）（ A はっきりしない B 左右されない ）

（3）（ A はっきりしない B 左右されない ）

（4）（ A はっきりしない B 左右されない ）

（5）（ A はっきりしない B 左右されない ）

（6）（ A はっきりしない B 左右されない ）

## 練習(れんしゅう) 1-2 A23

まず質問(しつもん)を聞(き)いてください。それから、問題用紙(もんだいようし)のせんたくしを読(よ)んでください。つぎに会話(かいわ)を聞(き)いて、問題用紙(もんだいようし)の1から4の中(なか)から、最(もっと)もよいものを一(ひと)つ選(えら)んで○をつけてください。

1 書店(しょてん)で売(う)っている新刊本(しんかんぼん)
2 学生時代(がくせいじだい)の教養本(きょうようぼん)
3 ハードボイルドの長編小説(ちょうへんしょうせつ)
4 短(みじか)めで楽(たの)しく読(よ)める本(ほん)

| 1 | 2 | 3 | 4 |
|---|---|---|---|

## 練習(れんしゅう) 1-3 A24

まず質問(しつもん)を聞(き)いてください。それから、問題用紙(もんだいようし)のせんたくしを読(よ)んでください。つぎに会話(かいわ)を聞(き)いて、問題用紙(もんだいようし)の1から4の中(なか)から、最(もっと)もよいものを一(ひと)つ選(えら)んで○をつけてください。

1 海(うみ)の見(み)える貸別荘(かしべっそう)
2 登山(とざん)ができる高原(こうげん)の貸別荘(かしべっそう)
3 温泉(おんせん)のある高原別荘(こうげんべっそう)
4 高原(こうげん)の貸別荘(かしべっそう)

| 1 | 2 | 3 | 4 |
|---|---|---|---|

# V いつ～ですか

「いつ」は決まっていない時を表す言葉。

## 「いつ」の使い方

| いつの使い方 | 用語の使い方 |
|---|---|
| いつから | いつから住んでいるの。 |
| いつでも | いつでも来てください。 |
| いつまで | いつまでも忘れないでね。 |
| いつも | いつもより声がきれいだ。 |

## 練習 1-1 A25

まず、会話を聞いてください。
そしてA・Bの中から正しいものに○をつけてください。

（1）（ A 面接は悪かった B 面接は良かった ）

（2）（ A すぐ帰国する B チケットが取れたら ）

（3）（ A 味は落ちる B 味は落ちない ）

（4）（ A みんなが持っていた B みんなとゲームをする ）

（5）（ A 海釣りに行く B 海釣りに行かない ）

（6）（ A 入院した B 入院しない ）

## 練習 1-2 A26

まず質問を聞いてください。それから、問題用紙のせんたくしを読んでください。つぎに会話を聞いて、問題用紙の1から4の中から、最もよいものを一つ選んで○をつけてください。

1 休日の午後から
2 金曜日の午後から
3 金曜日の夜7時
4 休日ならいつでも

| 1 | 2 | 3 | 4 |
|---|---|---|---|

## 練習 1-3 A27

まず質問を聞いてください。それから、問題用紙のせんたくしを読んでください。つぎに会話を聞いて、問題用紙の1から4の中から、最もよいものを一つ選んで○をつけてください。

1 ケチャップを見つけたので今夜
2 男の人が当番である金曜の夜
3 二人の都合の良い日曜日の夜
4 二人の都合の良い土曜日の夜

| 1 | 2 | 3 | 4 |
|---|---|---|---|

# I 話の内容全体を理解しよう

「概要理解」はまとまりのある話を聞いて、内容が理解できるかを問う（テキスト全体から話し手の意図や主張を理解し、問題に答える）ことです。なお、問題の前に質問はありません。

**（1）問題用紙には何もいんさつされていません。**
**この問題は、全体としてどんな内容かを聞く問題です。**
**話の前に質問はありません。まず話を聞いてください。**
**それから、質問とせんたくしを聞いて、**
**１から４の中から、最もよいものを一つ選んでください。**

**（2）会話の流れ**

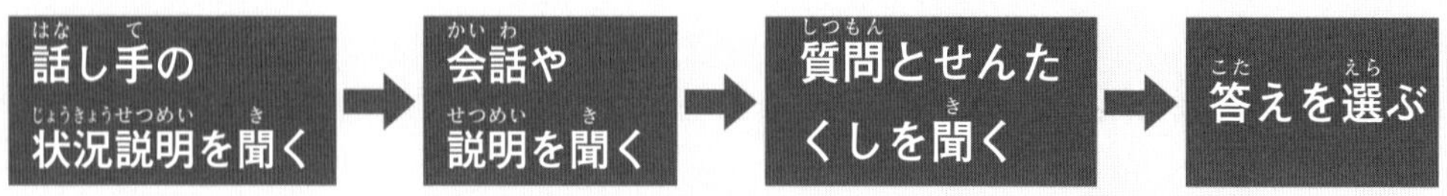


**（3）話し手**

| 話し手 | 状況説明 | 予測内容としての意図や主張 |
|---|---|---|
| テレビアナウンサー | 最近の話題・課題について | インタビューでの訴えや注意 |
| 各種専門家 | 専門家としての目から | 話題性に対する心構え |
| 大学の先生 | 学生に話している | 授業や講座の理解について |
| スポーツ関係者 | 種目の説明、解説について | 技術的な話や記録について |
| 主婦 | 生活の話題について | 野菜の値上がりについて |
| 一般の人 | ペットについて | 飼育の難しさと散歩 |
| 会社員 | 会社の製品報告について | 売り上げ状況などについて |
| 店員 | 売り場のレイアウトについて | 売れ行きについて |

最初に話し手がこれから話そうとしている状況の説明があります。その説明をしっかり聞き取りましょう。次に話し手の説明や会話があります。この説明や会話の聞き取りの中から、誰が何を伝えようとしているのか、どんな場面にいるのかなどを理解してください。理解ができると説明・会話の全体像が分かります。つぎに質問があります。そして答えとしてのせんたくしを知らされます。質問は下記のような内容で語られることが多いです。

① 何についての調査ですか。
② 何をしに来ましたか。
③ 何の話をしていますか。
④ 話し手の意図についてどう思っていますか。
⑤ どうだったと言っていますか。
⑥ 伝えたい言葉はなんですか。
⑦ ～ているのは何ですか。

## （4）会話の流れの例題

**話し手の状況説明を聞く**

**男の人と女の人が休みの時間に話をしています。**

**会話や説明を聞く**

男：街路樹でイチョウの黄葉ほど美しいものはないね。
女：そうね。黄金の花が咲いたようね。
男：晩秋の風で散るときの乱舞も楽しげだね。
女：車道を一生懸命駆けまわっているのを見たわ。
男：あれは、なんとも言えないイチョウのむじゃきさだね。
女：子供の運動会を観ているようだった。
男：でも、後の掃除が大変だよ。

# I 話の内容全体を理解しよう

女：大変なのは銀杏よ。特に踏まれた後のにおいがね。
男：ああ、確かにそうだね。

質問とせんたくしを聞く

**男の人が納得しているのは何ですか。**

1 イチョウの黄葉の美しさ。
2 風に散ったイチョウの乱舞。
3 銀杏の踏まれた後のにおい。
4 子供の運動会のむじゃきさ。

答えを選ぶ

答え 3

**解説** 男の人と女の人は「晩秋」の黄金の花のようにイチョウの散っていく姿をみています。その散り方については「乱舞」のようだと言い、散った後の車道で「駆けまわって」いる姿を「むじゃき」と受けとめています。しかし、散るのは黄金の花だけではなく、「銀杏」の実もあるのです。それは踏まれた後のにおいがとてもきついのです。誰もが嫌がるほどなので、男の人も「確かにそうだ」と納得しているのです。

## 練習 1-1　A28

まず話を聞いてください。
それから、質問とせんたくしを聞いて、１から４の中から、最も よいものを一つ選んでください。

| 1 | 2 | 3 | 4 |
|---|---|---|---|

## 練習 1-2　A29

まず話を聞いてください。
それから、質問とせんたくしを聞いて、１から４の中から、最も よいものを一つ選んでください。

| 1 | 2 | 3 | 4 |
|---|---|---|---|

## 練習 1-3　A30

まず話を聞いてください。
それから、質問とせんたくしを聞いて、１から４の中から、最も よいものを一つ選んでください。

| 1 | 2 | 3 | 4 |
|---|---|---|---|

# ① 何についての調査ですか

この問題では、話し手があることに関心を持って調査をしています。その調査の結果についての報告などが話し合われることになります。また調査に対しては意見であったり、調査の結果の対策、課題なども必要とされます。内容を理解することで「何についての調査」であったか理解することが大切です。

## 練習 1-1 A31

まず話を聞いてください。
それから、質問とせんたくしを聞いて、１から４の中から、最もよいものを一つ選んでください。

| 1 | 2 | 3 | 4 |
|---|---|---|---|

## 練習 1-2 A32

まず話を聞いてください。
それから、質問とせんたくしを聞いて、１から４の中から、最もよいものを一つ選んでください。

| 1 | 2 | 3 | 4 |
|---|---|---|---|

## 練習 1-3 A33

まず話を聞いてください。
それから、質問とせんたくしを聞いて、１から４の中から、最もよいものを一つ選んでください。

| 1 | 2 | 3 | 4 |
|---|---|---|---|

## ② 何をしに来ましたか

この問題では、男の人と女の人の二人が登場します。会話の内容は「何をしに来たか」、相手の訪ねてきた理由と目的を訊ねています。その理由と目的が二人の会話の中で交わされます。交わされた会話は、問題の答えを導き出します。会話の意味を理解し、相手の訪ねてきた理由と目的などを理解することが大切です。



### 練習 1-1 A34

まず話を聞いてください。
それから、質問とせんたくしを聞いて、１から４の中から、最もよいものを一つ選んでください。

| 1 | 2 | 3 | 4 |
|---|---|---|---|

### 練習 1-2 A35

まず話を聞いてください。
それから、質問とせんたくしを聞いて、１から４の中から、最もよいものを一つ選んでください。

| 1 | 2 | 3 | 4 |
|---|---|---|---|

### 練習 1-3 A36

まず話を聞いてください。
それから、質問とせんたくしを聞いて、１から４の中から、最もよいものを一つ選んでください。

| 1 | 2 | 3 | 4 |
|---|---|---|---|

## 3 何の話をしていますか

この問題では、最初に質問者が出てきます。その質問に答えていく専門家の話があります。この専門家が話す内容から、何の話をしているのか理解することが大切です。専門家の話は多くのことを関連付けて話すことがあります。しかし、話の目的は聞き手に伝えたいという思いが含まれています。そのことを理解して聞き取ることが必要です。

### 練習 1-1　A37

まず話を聞いてください。
それから、質問とせんたくしを聞いて、１から４の中から、最もよいものを一つ選んでください。

| 1 | 2 | 3 | 4 |
|---|---|---|---|

### 練習 1-2　A38

まず話を聞いてください。
それから、質問とせんたくしを聞いて、１から４の中から、最もよいものを一つ選んでください。

| 1 | 2 | 3 | 4 |
|---|---|---|---|

### 練習 1-3　A39

まず話を聞いてください。
それから、質問とせんたくしを聞いて、１から４の中から、最もよいものを一つ選んでください。

| 1 | 2 | 3 | 4 |
|---|---|---|---|

## ④ 話し手の意図についてどう思っていますか

この問題では、聞き手がいます。その聞き手との会話によって、話し手は自分の感じたこと、思っていることなどを話題とともに話します。その感じたこと、思っていることが一般的な気持ちなのか、あるいは特別な気持ちなのか理解することが必要です。会話の中から話し手の意図を理解しましょう。

### 練習 1-1　A40

まず話を聞いてください。
それから、質問とせんたくしを聞いて、１から４の中から、最もよいものを一つ選んでください。

| 1 | 2 | 3 | 4 |
|---|---|---|---|

### 練習 1-2　A41

まず話を聞いてください。
それから、質問とせんたくしを聞いて、１から４の中から、最もよいものを一つ選んでください。

| 1 | 2 | 3 | 4 |
|---|---|---|---|

### 練習 1-3　A42

まず話を聞いてください。
それから、質問とせんたくしを聞いて、１から４の中から、最もよいものを一つ選んでください。

| 1 | 2 | 3 | 4 |
|---|---|---|---|

# ⑤ どうだったと言っていますか

この問題では、話し手が一人で、聞き手に向かって話をしています。聞き手は話し手の意図と話の内容を理解し、話し手の伝えたいことをしっかりと受け止めましょう。「どうだった」とは話し手自らが感想を述べているのです。
(「どうだった」は相手に訊く時にも使われますので注意しましょう)

## 練習 1-1 A43

まず話を聞いてください。
それから、質問とせんたくしを聞いて、１から４の中から、最もよいものを一つ選んでください。

| 1 | 2 | 3 | 4 |
|---|---|---|---|

## 練習 1-2 A44

まず話を聞いてください。
それから、質問とせんたくしを聞いて、１から４の中から、最もよいものを一つ選んでください。

| 1 | 2 | 3 | 4 |
|---|---|---|---|

## 練習 1-3 A45

まず話を聞いてください。
それから、質問とせんたくしを聞いて、１から４の中から、最もよいものを一つ選んでください。

| 1 | 2 | 3 | 4 |
|---|---|---|---|

## ❻ 伝えたい言葉はなんですか

この問題では、二人の会話があります。話し手と聞き手に分かれています。話し手は常に聞き手に対して自分が考えていること、あるいはこれから始めようとしていることを聞き手に直接的に伝えようとしています。そのとき、聞き手は話し手の伝えたいという基本的な姿勢と、話し手の言葉を理解しなければなりません。その理解があって話し手の伝えたい言葉を受け止めることができるのです。

### 練習 1-1 A46

まず話を聞いてください。
それから、質問とせんたくしを聞いて、1から4の中から、最もよいものを一つ選んでください。

| 1 | 2 | 3 | 4 |
|---|---|---|---|

### 練習 1-2 A47

まず話を聞いてください。
それから、質問とせんたくしを聞いて、1から4の中から、最もよいものを一つ選んでください。

| 1 | 2 | 3 | 4 |
|---|---|---|---|

### 練習 1-3 A48

まず話を聞いてください。
それから、質問とせんたくしを聞いて、1から4の中から、最もよいものを一つ選んでください。

| 1 | 2 | 3 | 4 |
|---|---|---|---|

## ⑦ ～ているのは何ですか

この問題では、「～ている」とあるので、現在進行している「のは何ですか」ということです。もちろん「ている」には瞬間的なこともあり、繰り返しのこともありますが、ここでの多くは動詞について行動の状態や意味を訊ねている場合が多いです。

### 練習 1-1 A49

まず話を聞いてください。
それから、質問とせんたくしを聞いて、１から４の中から、最もよいものを一つ選んでください。

| 1 | 2 | 3 | 4 |
|---|---|---|---|

### 練習 1-2 A50

まず話を聞いてください。
それから、質問とせんたくしを聞いて、１から４の中から、最もよいものを一つ選んでください。

| 1 | 2 | 3 | 4 |
|---|---|---|---|

### 練習 1-3 A51

まず話を聞いてください。
それから、質問とせんたくしを聞いて、１から４の中から、最もよいものを一つ選んでください。

| 1 | 2 | 3 | 4 |
|---|---|---|---|

## Ⅱ カタカナ語の言葉と意味の理解について

カタカナ語の多くは外国語を中心にした表記として利用されています。しかし中には日本人にしか通じない英語に似たカタカナ語もあります。それは「和製英語」などとも呼ばれたりしています。日本人にとっては便利ですが、日本以外の国では通用しません。日本国内では広く使用されているたくさんのカタカナ語を学びましょう（街を歩くとたくさんのカタカナ語を目にします。チラシやパンフレットにも目を向けましょう。なお、擬音語もカタカナで書くことが多いです）。

### カタカナ語について

| カタカナ語の語彙 | 日本語の意味 | 表現 |
|---|---|---|
| アーカイブ | 記録文書・保管場所 | アーカイブから取り出しましょう。 |
| アイシャドー | 瞼に塗る化粧品 | アイシャドーが濃すぎたわ。 |
| インターチェンジ | 高速道路の出入り口 | 三郷インターチェンジで降りましょう。 |
| ウィークエンド | 週末・週末休暇 | 今度のウィークエンドは旅行するの。 |
| ガーデニング | 園芸 | 大学でガーデニングを学んでいる。 |
| ガイダンス | 指導・学習指導 | ガイダンスに出ないとだめだよ。 |
| ギアチェンジ | 変速のギア入れ替え | N2の試験のためにギアチェンジしなきゃ。 |
| クッキー | 焼き菓子 | ケーキ屋さんのクッキーが美味しい。 |
| ゲーム | 競技・試合 | ゲームに負けてもN2受験は頑張る。 |
| コーヒーメーカー | コーヒー沸かし器 | 我が家のコーヒーは<br>コーヒーメーカーで沸かすの。 |
| サービス | 接待・値引き | スーパーは月曜日がサービスデーよ。 |
| サスペンス | 不安・気がかり | この小説はサスペンスなの。 |
| シェア | 分担・役割 | シェアハウスで暮らしているよ。 |
| ジェラート | イタリアのアイスクリーム | 私はジェラートが大好き。 |
| スーツケース | 旅行用かばん | 今回はこのスーツケースを持っていく。 |
| ツアー | 小旅行・周遊旅行 | 北海道ツアーに行きます。 |
| ビジネス | 仕事・商売 | 彼は一流企業のビジネスマンだ。 |

## Ⅱ カタカナ語の言葉と意味の理解について

| カタカナ語の語彙 | 日本語の意味 | 表現 |
|---|---|---|
| ヘアードレッサー | 美容師 | 彼はカリスマ的ヘアードレッサーだよね。 |
| マークシート | 記入欄を塗りつぶす用紙 | 今度の試験の解答はマークシートだった。 |
| メーカー | 製造業者・作る人 | 自動車メーカーは日本の輸出の柱だ。 |

※あらゆる外国語がカタカナ語になっています。

### 和製英語について

| カタカナ語の語彙 | 日本語の意味 | 表現 |
|---|---|---|
| アットマーク | 「@」メールアドレスに使用 | アットマークを忘れちゃだめよ。 |
| アフターサービス | 販売後の保証 | 新築後でもアフターサービスは必要だ。 |
| アルバイト | 臨時雇いの労働者 | やっとアルバイトが見つかった。 |
| オートバイ（バイク） | 自動二輪車 | ホンダやヤマハのオートバイは最高だ。 |
| ガムテープ | 粘着テープ | 段ボールにはガムテープが必要。 |
| キャッチコピー | 短い宣伝文句 | 宣伝のキャッチコピーは抜群だよ。 |
| コインロッカー | 硬貨を使う手荷物入れ | 東京駅の周辺にコインロッカーがある。 |
| ゴールデンウィーク | 四月末から五月初めの休日 | ゴールデンウィークを利用して海外旅行を計画。 |
| サインペン | フェルトペンの商標名 | サインするときにはサインペンがいい。 |
| シャープペン | 鉛筆の一種 | 鉛筆じゃなくシャープペンが便利だ。 |
| スーパーチェーン | 多店舗展開スーパー | どこもスーパーチェーン店ばかりだ。 |
| ノートパソコン | パソコンの大きさ | 誰もがノートパソコンを使っている。 |
| パチンコ | 遊技具の一種 | 駅前のパチンコ店は人でいっぱいだ。 |
| マスコミ | 新聞・報道関係の仕事 | 日本のマスコミの自由度は低い。 |
| ランニングシャツ | 走るときに着る | ランニングシャツに大学名が入っている。 |

※和製英語と共に外国語を短縮して省略形で使用している場合もある。

例　スマホ＝スマートホン

## 練習 1-1　A52

まず話を聞いてください。
それから、それに対する返事を聞いて、１から３の中から、最もよいものを一つ選んでください。

| 1 | 2 | 3 |
|---|---|---|

## 練習 1-2　A53

まず話を聞いてください。
それから、それに対する返事を聞いて、１から３の中から、最もよいものを一つ選んでください。

| 1 | 2 | 3 |
|---|---|---|

## 練習 1-3　A54

まず話を聞いてください。
それから、それに対する返事を聞いて、１から３の中から、最もよいものを一つ選んでください。

| 1 | 2 | 3 |
|---|---|---|

## III 擬音語（擬声語）・擬態語について

一般的に自然界に発生する音を表現するときの言葉として擬音語があります。なお擬音語の中に擬声語も含まれます。同じように自然界に起きている状態あるいは人の動きについて言語化したのが擬態語です。例えば「ガサガサ」とは、何かが触れ合って発する濁った音を聞いた時に使います。「キラキラ」は太陽や月が輝いている状態を表現する時に使う言葉です。

いずれの場合もカタカナで書くことが多いです。しかし、中には「しっとり」などと言う「適度に水分を含んだ」言葉もあります。いずれも心理的な表現方法です。使い方、使い分けに注意して学びましょう。なお、擬態語などは多くひらがなで書かれています。

### 擬音語（擬声語）

| 語彙 | 意味 | 使い方 |
|---|---|---|
| ガサガサ | 物が触れ合って発する音 | ガサガサと音を立てて探している。 |
| ガタガタ | 硬いものが触れて発する煩い音 | 椅子をガタガタ鳴らしている。 |
| ガチャガチャ | うるさく壊れるときの音 | ガチャガチャって何か棚から落ちたよ。 |
| ガラガラ | 岩など硬いものが落ちる音 | ガラガラと岩が崩れた。 |
| カンカン | 金属の打ち当たる音 | 鐘がカンカンと鳴っている。 |
| クンクン | 匂いを嗅ぐときの鼻の音 | 犬がクンクンしている。 |
| ゴーン | 鐘の鳴る音 | 寺の鐘がゴーンと鳴った。 |
| ゴロゴロ | 雷がとどろき渡る音・または似た音 | 雷がゴロゴロ鳴っている。 |
| ザーザー | 雨が強く降る音 | ザーザーと雨が降っている。 |
| ザクザク | 荒い石などが踏まれた音 | 砂利道でザクザクと靴音がした。 |
| ザラザラ | 粒状のものがこすれ合う音 | 砂がザラザラとこぼれた。 |
| チンチン | 小さな鐘の鳴る音 | チンチンと鐘を鳴らしている。 |
| ドーン | 大砲などの大きな音・似た状態の音 | 花火がドーンと上がった。 |
| ドンドン | 戸などを強くたたく音 | ドアをドンドンと叩いている。 |
| バーン | 物が当たるときの激しい音 | 車がバーンと衝突した。 |
| バタバタ | 忙しそうに動くときの音 | 鶏が羽をバタバタさせていた。 |
| パチパチ | 焚火などで火を燃やした時の音 | パチパチと火が燃え始めた。 |

| | | |
|---|---|---|
| パンパン | ピストルなどの発射音 | 射撃場でパンパンと撃っている。 |
| ビュービュー | 風が強く吹く音 | 北風がビュービュー吹いている。 |

## 擬声語

| 語彙 | 意味 | 使い方 |
|---|---|---|
| ニャーニャー | 猫の鳴く声 | 隣の猫がニャーニャー鳴いている。 |
| ピヨピヨ | ひよこの鳴く声 | ピヨピヨとひよこが鳴いている。 |
| ワンワン | 犬の吠える声 | ワンワンと犬が吠えている。 |
| ワーワー | 大勢の人たちの騒ぐ声 | 群衆がワーワーと騒いでいる。 |
| ワッハッハ | 人の笑い声 | ワッハッハと大声で笑ったよ。 |

### 練習 1-1 A55

まず話を聞いてください。
それから、それに対する返事を聞いて、１から３の中から、最もよいものを一つ選んでください。

| 1 | 2 | 3 |
|---|---|---|

### 練習 1-2 A56

まず話を聞いてください。
それから、それに対する返事を聞いて、１から３の中から、最もよいものを一つ選んでください。

| 1 | 2 | 3 |
|---|---|---|

### 練習 1-3 A57

まず話を聞いてください。
それから、それに対する返事を聞いて、１から３の中から、最もよいものを一つ選んでください。

| 1 | 2 | 3 |
|---|---|---|

## III 擬音語（擬声語）・擬態語について

### 擬態語

| 語彙 | 意味 | 使い方 |
|---|---|---|
| アップアップ | 困難な状態を表す | 練習でもうアップアップだ。 |
| イライラ | 気持ちが思うようにならない | 雨が続いてイライラする。 |
| ウトウト | 眠り始めの状態を表す | テレビを見てウトウトしていた。 |
| オロオロ | 気持ちが迷っている状態 | 試験会場でオロオロしていた。 |
| キラキラ | 輝いているさま | 月がキラキラと輝いていた。 |
| コロコロ | 転がっている状態 | ボールがコロコロと転がった。 |
| サラサラ | 心地よく乾いている状態 | 麻の服はサラサラしている。 |
| ダラダラ | 無為に時間を過ごしている | 勉強もしないでダラダラしている。 |
| ニコニコ | うれしくて笑顔になっている | 彼女はいつもニコニコしている。 |
| バラバラ | 離れ離れにある状態 | 家族がバラバラになってしまった。 |
| ピカピカ | 輝いて光っている状態 | 彼はピカピカの一年生だ。 |
| ブラブラ | 何もせず時間を過ごす | アルバイトが終わってブラブラしている。 |
| ペラペラ | 上手にしゃべる状態 | 彼女は日本語がペラペラだ。 |
| ボロボロ | 古くなって破れた状態 | 彼の服はもうボロボロだ。 |
| ポロポロ | 涙などが落ちる状態 | 彼女はポロポロと涙を流していた。 |
| ワクワク | 気持ちが喜んでいる状態 | 試合に出るのでワクワクしている。 |

## 練習 1-1 A58

まず話を聞いてください。
それから、それに対する返事を聞いて、１から３の中から、最もよいものを一つ選んでください。

| 1 | 2 | 3 |
|---|---|---|

## 練習 1-2 A59

まず話を聞いてください。
それから、それに対する返事を聞いて、１から３の中から、最もよいものを一つ選んでください。

| 1 | 2 | 3 |
|---|---|---|

## 練習 1-3 A60

まず話を聞いてください。
それから、それに対する返事を聞いて、１から３の中から、最もよいものを一つ選んでください。

| 1 | 2 | 3 |
|---|---|---|

# 第4章 即時応答 問題の形式と内容に慣れよう

「即時応答」は質問、問い合わせ、報告、依頼など多くの短い発話を聞いて、即時に適切な応答ができるかの問題です。試験では、問題の前に練習があります。例題をやってみましょう。

**最初に聞く文章は短いですが、誰が何を言いたいのかすぐに理解することが大切です。**
**同時に、応える文章も聞いてすぐに理解する必要があります。言葉はイントネーションによっても異なります。**
**その意味を理解するうえでイントネーションの聞き取りは大切です。**

## I 一般的な会話の表現についての言葉

### 短い会話の表現についての判断と例文

| 表現 | 判断と意味 | 例文 |
|---|---|---|
| あたりまえだ | 当然 | 記録更新なんてあたりまえだ。 |
| 言ってみた | 伝言・要望 | 問題あるので言ってみた。 |
| うっかりして | 不注意 | うっかりして、乗り越した。 |
| がっかりだ | 残念 | 君がいなくてがっかりだ。 |
| きっとだよ | 願い・期待 | 今度の約束はきっとだよ。 |
| したかった | 後悔・残念 | 京都旅行はしたかった。 |
| してくれない？ | 希望 | 掃除してくれない？ |
| ～してみる | 予定・可能 | 明日彼に話してみる。 |
| ～しない？ | 希望・誘い | サッカーしない？ |
| しなかった | 諦め・後悔・結果 | 今日は一日何もしなかった。 |
| するつもりだ | 予定 | そろそろ帰国するつもりだ。 |
| ～ていない | 拒否 | 彼は歌っていない。 |
| つもりだった | 後悔・不満 | スーパーに行くつもりだった。 |
| ～ないんじゃない | 不要 | 買うこともないんじゃない。 |
| なかなかだった | 思いの外・それ以上 | 彼の発言はなかなかだった。 |
| なってくれない？ | 希望・願望 | ボランティアになってくれない？ |
| やったんでしょ | 結果への質問 | 宿題やったんでしょ。 |
| やっちゃった | 間違い・失敗 | 同じ事またやっちゃった。 |

| <ruby>表現<rt>ひょうげん</rt></ruby> | <ruby>判断<rt>はんだん</rt></ruby>と<ruby>意味<rt>い み</rt></ruby> | <ruby>例文<rt>れいぶん</rt></ruby> |
|---|---|---|
| よかったのに | <ruby>結果<rt>けっ か</rt></ruby>の<ruby>誘<rt>さそ</rt></ruby>い | <ruby>来<rt>く</rt></ruby>ればよかったのに。 |
| わかってる | <ruby>了解済<rt>りょうかい ず</rt></ruby>み | そんなのわかってる。 |

<ruby>練習<rt>れんしゅう</rt></ruby> 1-1  🔊 A61 ∾∾∾∾∾∾∾∾∾∾∾∾∾∾∾∾∾∾∾∾∾∾∾

<ruby>会話<rt>かい わ</rt></ruby>の<ruby>言葉<rt>こと ば</rt></ruby>に<ruby>注意<rt>ちゅう い</rt></ruby>して、「だれがするか・したのか」を
<ruby>選<rt>えら</rt></ruby>んで〇をつけてください。

**<ruby>例<rt>れい</rt></ruby>** <ruby>傘<rt>かさ</rt></ruby>を<ruby>持<rt>も</rt></ruby>ってくる　（　<ruby>女<rt>おんな</rt></ruby>　〇<ruby>男<rt>おとこ</rt></ruby>　）

• • • • • • • • • • • • • • • • • • • • • • • • • • • • • • • • • • •

（1）<ruby>仕事<rt>し ごと</rt></ruby>をする　（　<ruby>女<rt>おんな</rt></ruby>　<ruby>男<rt>おとこ</rt></ruby>　）

（2）<ruby>推薦<rt>すいせん</rt></ruby>する　（　<ruby>女<rt>おんな</rt></ruby>　<ruby>男<rt>おとこ</rt></ruby>　）

（3）<ruby>遅刻<rt>ち こく</rt></ruby>をする　（　<ruby>女<rt>おんな</rt></ruby>　<ruby>男<rt>おとこ</rt></ruby>　）

（4）テストを<ruby>受<rt>う</rt></ruby>ける　（　<ruby>女<rt>おんな</rt></ruby>　<ruby>男<rt>おとこ</rt></ruby>　）

（5）プレゼントを<ruby>渡<rt>わた</rt></ruby>す　（　<ruby>女<rt>おんな</rt></ruby>　<ruby>男<rt>おとこ</rt></ruby>　）

（6）ジョギングする　（　<ruby>女<rt>おんな</rt></ruby>　<ruby>男<rt>おとこ</rt></ruby>　）

∾∾∾∾∾∾∾∾∾∾∾∾∾∾∾∾∾∾∾∾∾∾∾∾∾∾∾∾∾∾∾∾∾∾∾∾∾∾∾∾∾

# I 一般的な会話の表現についての言葉

## 練習 1-2 A62

話し手の呼びかけや質問などに、即座に応える判断が必要です。
話し手の問いかけに対する判断について正しい方に○をつけてください。

**例** どこかへ連れて行ってくれない？ （ 連れて行った ○連れて行ってほしい ）

（1） アルバイトしてみる？ （ している していない ）

（2） スケボーしない？ （ 誘っている 誘ってない ）

（3） 就職はするつもりだ。 （ している これからする ）

（4） 彼は笑うことないんじゃない。 （ 笑わない 笑うことがある ）

（5） 彼の技術はなかなかだった。 （ 下手だった 上手かった ）

（6） 私たちのリーダーになってくれない。 （ リーダーだ まだリーダーでない ）

（7） この傷、あなたがやったんでしょ。 （ やっていない やった ）

（8） エラーをやっちゃった。 （ 失敗した 失敗しない ）

（9） 泳げばよかったのに。 （ 泳いだ 泳いでいない ）

（10） 君がくるのはわかってる。 （ 友達は来る 友達は来ない ）

## Ⅱ 挨拶の言葉にも尊敬語や丁寧語がつかわれます

人との出会いには必ず挨拶の言葉があります。しかも出会いは様々な場面があります。会社の上司や先生方に限らず、先輩であったり仲間であったりします。場面で挨拶の言葉は変わります。また仕事の取引先に対しても挨拶の言葉があります。

挨拶語はたくさんの関係者とつながる言葉です。そしてその時には尊敬語や丁寧語も使わなければならないこともあります。挨拶語は会話の始まりでもあるのです。ここではそれらを学びましょう。

### 挨拶語のいろいろ

| 使われ方 | 挨拶のことば | 時間と場所 |
|---|---|---|
| 時間で使われる | おはようございます | 朝のあいさつ |
| | こんにちは | 昼・日中のあいさつ |
| | こんばんは | 夜のあいさつ |
| | ごきげんよう | 出会いのあいさつ |
| 状況で使われる | 行ってきます | 出かける時のあいさつ |
| | いってらっしゃい | 送るあいさつ |
| | さようなら | 別れのあいさつ |
| | ただいま | 帰宅時のあいさつ |
| | おかえりなさい | 帰宅時の迎えるあいさつ |
| 会社時に使われる | 行ってまいります | 出社時のあいさつ |
| | いってらっしゃい | 出社時の送るあいさつ |
| | ただいま戻りました | 帰社時のあいさつ |
| | おかえりなさい | 帰社時の迎えるあいさつ |
| | お先に失礼いたします | 退社時のあいさつ |
| | お疲れ様でした | 退社時の送るあいさつ |

## Ⅱ 挨拶の言葉にも尊敬語や丁寧語がつかわれます

| 使われ方 | 挨拶のことば | 時間と場所 |
|---|---|---|
| 入退室時に使われる | 失礼いたします | 入室時のあいさつ |
| | 少々お待ちください | 入室時の中にいる人の待機のあいさつ |
| | お入りください | 入室時の中にいる人のあいさつ |
| | 失礼いたしました | 退室時のあいさつ |
| 祝祭日時に使われる | おめでとうございます | 正月のあいさつ |
| | | 誕生日のあいさつ |
| | | 栄転などのあいさつ |

### 練習 1-1 A63

会話の言葉に注意して、いつ使われるあいさつか、
正しい方を選んで○をつけてください。

例 おはようございます（ ○ 朝　昼 ）

（1）（ 正月　誕生日 ）

（2）（ 出社時　帰社時 ）

（3）（ 外出時　夜 ）

（4）（ 栄転　入室時 ）

（5）（ 出会い　家で送る ）

（6）（ 退出時　帰宅時 ）

## 練習（れんしゅう） 1-2　A64

話（はな）し手（て）の呼（よ）びかけや質問（しつもん）などに、即座（そくざ）に応（こた）える判断（はんだん）が必要（ひつよう）です。
話（はな）し手（て）の問（と）いかけに対（たい）する応（こた）えについて正（ただ）しい方（ほう）に○をつけてください。

**例（れい）** あなたの誕生日（たんじょうび）なんだ　（　残念（ざんねん）だ　　○　おめでとうございます　）

(1)　（　ごきげんよう　　失礼（しつれい）しました　）

(2)　（　よかったね　　さようなら　）

(3)　（　おめでとうございます　　行（い）ってらっしゃい　）

(4)　（　お入（はい）りください　　ただいま　）

(5)　（　おはようございます　　こんにちは　）

(6)　（　お疲（つか）れ様（さま）でした　　いってらっしゃい　）

(7)　（　少々（しょうしょう）お待（ま）ちください　　おかえりなさい　）

(8)　（　行（い）ってきます　　ただいま戻（もど）りました　）

(9)　（　失礼（しつれい）いたします　　お先（さき）に失礼（しつれい）したいです　）

(10)　（　お先（さき）に失礼（しつれい）いたします　　分（わ）かっています　）

## Ⅲ 縮約語・短縮語について

日本語には書き言葉と話し言葉があります。書き言葉は文章を書くときに使いますが、話し言葉は会話の時に使います。会話では書き言葉と違った言葉を使うときがあります。それが縮約語であり短縮語であったりします。一般的な言葉とも違います。しかし会話の時によく使われます。その使われ方の意味とその後に何を言いたいのか、また何を言い表しているのかを理解することが大切です。

### 縮約語と短縮語について

| 縮約語の語彙 | 縮約語の言葉 | 一般的な言葉 |
|---|---|---|
| って | どこへ行くって言ってた | どこへ行くと言っていましたか。 |
| とき | 買っときます | 買っておきます。 |
| とく | それは知っとくことだ | それは知っておくことだ。 |
| きゃ | 言いたきゃ言わせておけ | 言いたいなら言わせておけ。 |
| | 行かなきゃ | 行かなければならない。 |
| じゃない | 歌わないんじゃない | 歌うことはないでしょう。 |
| ちゃ | 遊びに行っちゃだめ | 遊びに行ってはだめです。 |
| てる | 鳥が鳴いてる | 鳥が鳴いている。 |
| でる | 彼が呼んでる | 彼が呼んでいる。 |
| けりゃ | 自分さえよけりゃいい | 自分さえよければそれでいい。 |
| **短縮語の語彙** | **短縮語の言葉** | **一般的な言葉と意味** |
| かも | 卒業したかも | 卒業したのだろうと思う。 |
| たら | 勉強したら？ | 勉強した方がいいよ。 |
| だら | 楽しんだら？ | 楽しくやった方がいいよ。 |
| とも | 苗は植えたとも | 苗を植えたのは当たり前だ。 |
| ば | そっちに行けば | そっちに行った方がいいです。 |
| れば | 食べれば | 食べてもいいよ。 |
| どう | 旅行はどう？ | 旅行はどうでしたか。<br>旅行に行きますか、行きませんか。 |

## 練習 1-1　A65

会話の中における縮約語・短縮語について、一般的な言葉として正しい方を選んで○をつけてください。

**例**　カラオケで歌っちゃった　（　○歌うことができた　歌うことはなかった　）

（1）（　食べに行った　　食べに行くのですか　）

（2）（　まだ話していない　　話を終えている　）

（3）（　無ければ買えない　　有っても買えない　）

（4）（　今は見ている　　今は見ていない　）

（5）（　乗っても変わらない　　乗った方がいい　）

（6）（　いいと思っている　　どちらともいえない　）

（7）（　読まなくてもいい　　読んでみた方がいい　）

（8）（　いいと思っている　　どうですかと聞いている　）

## Ⅲ 縮約語・短縮語について

### 練習 1-2 A66

話し手の呼びかけや質問などに、即座に応える判断が必要です。
話し手の問いかけに対する返事について1から3の中から、
最もよいものを一つ選んでください。

(1) 1 2 3

(2) 1 2 3

(3) 1 2 3

(4) 1 2 3

(5) 1 2 3

(6) 1 2 3

(7) 1 2 3

(8) 1 2 3

(9) 1 2 3

(10) 1 2 3

## Ⅳ イントネーションによる意味の違いについて

会話の最後で話し手のイントネーションの使い方によっては会話の内容を変えてしまうほどの意味を持つこともあります。聞き間違えると真逆な意味にもなってしまいます。話し手の言葉を聞きイントネーションに注意して意味の変化を理解することが大切です。話し手の伝えたい気持ちを理解しましょう。

### イントネーションの違いについて

| 会話文 | イントネーション | 意味 |
|---|---|---|
| 君は今日の試験受けたの | 「の」をあげる | 疑問・質問している |
| | 「の」をさげる | 意外に思っている |
| さよならは言わないよ | 「よ」をあげる | 拒否の気持ち |
| | 「よ」をさげる | 別れたくない気持ち |
| どうせメールは見ないからいらない | 「ない」をあげる | 必要ないか聞く |
| | 「ない」をさげる | 必要ないと伝える |
| 旅行だけど一緒に行かない | あげる | 行くことを期待する |
| | さげる | 行くこと拒否する |
| 映画見に行くんじゃないの | あげる | 予定があったはずだが |
| | さげる | まだそこにいるの疑問 |
| きっと、テレビ観たんじゃないの | あげる | 観たはずだ |
| | さげる | 予測する・可能性がある |
| スーパーでアルバイトしたって | あげる | おどろきを表す |
| | さげる | 改めて認識する |
| ワクチン打ったって | あげる | 打ったことを理解する |
| | さげる | 意味がないと否定的 |
| カラオケで歌ったんだ | あげる | 歌ったことを知らせる |
| | さげる | 知らなかったと伝える |
| あの本読んだ | あげる | 読んだかどうか聞いている |
| | さげる | 読み終わっている |

## Ⅳ イントネーションによる意味の違いについて

| 会話文 | イントネーション | 意味 |
|---|---|---|
| スーパーは9時から開始 | あげる | 開始かどうか聞いている |
| | さげる | 開始は9時と決まっている |

### 練習 1-1 A67

会話の言葉の最後のイントネーションに注意して、
正しい方を選んで○をつけてください。

例 えっ、お寿司食べたって（あげる）（ ○食べた 聞いている ）

（1）（ 観た 聞いている ）

（2）（ 乗った 聞いている ）

（3）（ 希望する 勧める ）

（4）（ 居ない 居る ）

（5）（ 断る 誘う ）

（6）（ 訊ねる 行かない ）

## 練習 1-2 A68

**話し手の呼びかけや質問などに、即座に応える判断が必要です。**
**話し手の問いかけに対する応えとして正しい方に○をつけてください。**

例 食事は終わったの（ うれしいね ○まだだよ ）

(1) （ パソコンだから　やっぱしね ）

(2) （ 残念だね　元気になるね ）

(3) （ そうなんだ　うっかりね ）

(4) （ 待っていた　わかった ）

(5) （ そりゃそうだよ　そりゃどちらでも ）

(6) （ ご苦労様です　またなの ）

(7) （ これからね　そうしたくなって ）

(8) （ まだ決めていない　早めだね ）

(9) （ 本当だったわ　気を付けないとね ）

(10) （ いつ行くの　諦めたんだ ）

# 第5章　統合理解　問題の形式と内容に慣れよう

「統合理解」は、比較的長いテキスト（話や会話）を聞いて、多くの情報を比較検討し、あるいは統合して、いかに内容を正しく理解できるかの問題です。とくに二つの傾向の問題があります。

**❶ 話し手の会話の意見、評価を聞き取る問題**

**❷ ある話を聞いた後で、その話に関連する意見、評価を聞いてから判断する問題**

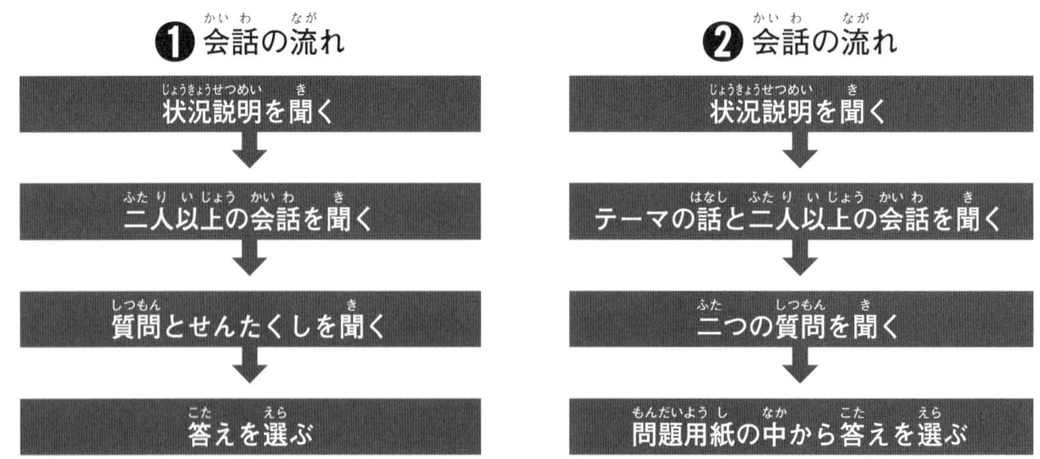

❶ 会話の流れ
状況説明を聞く
二人以上の会話を聞く
質問とせんたくしを聞く
答えを選ぶ
❷ 会話の流れ
状況説明を聞く
テーマの話と二人以上の会話を聞く
二つの質問を聞く
問題用紙の中から答えを選ぶ

**注意** 会話の流れは二つに分かれています。いずれの問題も、会話などの後に示されます。「統合理解」の試験の問題には「問題５では、長めの話を聞きます。この問題に練習はありません。メモを取ってもかまいません」で始まります。

## I 二人以上の長い会話のとらえ方

「問題5」 1番 2番

「問題用紙に何もいんさつされていません。まず話を聞いてください。それから、質問とせんたくしを聞いて、1から4の中から、最もよいものを一つ選んでください。」

「統合理解」の1番、2番の問題は上記から始まります。そして状況説明があります。続いて二人以上の比較的長い会話があります。会話の内容はその状況説明に登場する人たちによる質疑などがあり、それに対する応答があったりします。二人以上の会話が何について話をしているのか、話し手たちの話の内容を理解しましょう。そのために話の内容についてチェックすることが必要です。メモを取りましょう。会話の後に問題が出ます。そして、その問題の答えを4つのせんたくしから選びます。

**重点** 話し手の意見や説明などをチェックし整理する。

### 例題 1番

（1）何について女の人と男の人は話していますか。

(a) 話し手のメモを取りましょう。

女の人

男の人

（2）質問とせんたくしを聞いて、

1から4の中から、最もよいものを一つ選んで○をつけてください。

| 1 | 2 | 3 | 4 |
|---|---|---|---|

第5章 統合理解

# Ⅰ 二人以上の長い会話のとらえ方

**会話**

**スマホの買い替えについて女の人と男の人が話をしています。**

女：そろそろスマホの替え時かなと思ってるの。
ともかくバッテリーの減り方が以前と比べるとだいぶ早くなった気がするのよ。
逆にゲームの起動などが遅いことが気になってね。
男：それは替え時かもしれないね。バッテリーは劣化しやすいパーツだし、
ゲームやアプリは日々容量も増え続けているからね。
買い替えの目安と考えていいんじゃないか。
女：実はまだ分割払いが終わっていないんだ。もう少しだけ残っていてね。
男：それは問題だね。やっぱり払い終わった時の方がいい。
それに新商品の発売が始まる頃とか、私だったらそれを狙うね。
旧機種がかなり安くなって売られるからね。それに年度替わりも注視したいね。
女：なるほど。あと数か月の支払いで終わるし、年度も替わる。
それに新商品の話もあるので、その時が一番いいタイミングね

**(2) 女の人はスマホはいつ買い替えると決めましたか。**

1 バッテリーが劣化したとき。

2 ゲームができなくなったとき。

3 お金ができて新商品が出たとき。

4 支払い終わった年度替わりのタイミング。

## （1）女の人がスマホの買い替えについて男の人に聞いている。

ⓐ 話し手のメモを取りましょう。

| | | |
|---|---|---|
| 女の人 | スマホの替え時 | バッテリーの減り方が早い |
| | ゲームの起動が遅い | 分割払いが終わらない |
| | 数か月で終わる | 新商品の話もある |
| 男の人 | バッテリーは劣化しやすい | ゲームやアプリは容量が増える |
| | 買い替えの目安 | 払い終わったとき |
| | 新商品の発売が始まったころ | 旧機種がかなり安い |

（2）　答え　4

**解説** 問題は女の人がいつスマホを買い替えるのかと聞いています。女の人はスマホの「バッテリーの減り方」が早くなったこと、「ゲームの起動などが遅い」ことから買い替えたいと男の人に話しかけます。男の人は「それは替え時かも」と言い、それについての説明をします。しかし、女の人は「分割払いが終わっていない」と伝えます。そこで男の人は「払い終わった時の方がいい」と話して、さらに買い替え時の「旧機種」の安売りなどチャンスを話しています。それを聞いて「支払い終わる」「年度も替わる」その時が買い替えの「一番いいタイミング」と女の人は決めたのです。

## I 二人以上の長い会話のとらえ方

### 練習 1 A69

はじめに長めの話を聞きます。メモを取ってもかまいません。

（1）何について女の人と男の人は話していますか。

(a) 話し手のメモを取りましょう。

女の人

男の人

（2）質問とせんたくしを聞いて、
1から4の中から、最もよいものを一つ選んでください。

| 1 | 2 | 3 | 4 |
|---|---|---|---|

## 練習 2 A70

はじめに長めの話を聞きます。メモを取ってもかまいません。

（1）大学の先生と学生は何について話していますか。

(a) 話し手のメモを取りましょう。

大学の先生

学生

（2）質問とせんたくしを聞いて、
1から4の中から、最もよいものを一つ選んでください。

| 1 | 2 | 3 | 4 |
|---|---|---|---|

## Ⅱ 三人の長い会話のとらえ方

**例題 2番** (三人があることについて話をしています)

(1) 何について女の人と男の人は話していますか。

(a) 話し手のメモを取りましょう。

女

男

女2

(2) 質問とせんたくしを聞いて、
1から4の中から、最もよいものを一つ選んで○をつけてください。

| 1 | 2 | 3 | 4 |
|---|---|---|---|

**会話**

## 会社で三人が設計図について話しています。

女　：今回の機能性を重視した設計図はどうかしら。
男　：見た目には全体的にすっきりしているけど。
女　：特に気を付けたのは主婦の動線ね。
女２：確かに家事をするときの無駄な動線は省いたほうがいいわね。
女　：でしょ。
男　：でもね。主婦の動線も美しさも大切だけど、外から見る全体像はもっと大切だよ。お客さんはそこに最初の印象を持つからね。
女２　そうね。あの宇宙船だってデザイナーが必要だったしね。
男　：宇宙船とはずいぶん飛躍するね。けど、「美しい宇宙船」が我が家だったら、なんて思う人がいるかも。そりゃもう住むことに期待が持てそうだ。
女２：そうなのよ。誰もが美しいと思ってくれるもの、私たちの永遠の課題よね。
女　：で、私のこの設計図、どうなの？

## （2）女の人の設計図はどうすることに決まりましたか。

1　主婦の動線を大切にする。
2　まだ決まっていない。
3　美しい宇宙船の住宅にする。
4　デザイナーと相談する。

# Ⅱ 三人の長い会話のとらえ方

**答え**

（1）住宅の設計図について話しています。

ⓐ 話し手のメモを取りましょう。

女　機能性を重視の設計図　主婦の動線　設計図、どうなの？

男　全体的にすっきり　外から見る全体像　最初の印象
美しい宇宙船　住むことに期待

女２　無駄な動線は省く　宇宙船　デザイナーが必要
誰もが美しいと思う　永遠の課題

（2）　答え　2

**解説** 女の人が「機能性を重視した設計図」を二人に見せています。男の人は「全体的にすっきり」と感想を言います。それに応えて「主婦の動線」に気を使ったと女の人は説明しています。すると女２の人は「家事」の「無駄な動線は省いたほうがいい」と同意しています。しかし、ここで男の人は同意しながらも、「外から見る全体像」の大切さを指摘しました。理由は客の「最初の印象」が大切ということです。すると女２の人は「宇宙船」も「デザイナー」が必要だったと話を戻します。最後には「誰もが美しいと思」うもの、それが「永遠の課題」となってしまい、話が終わりません。女の人の設計図の話は先に進まなくなっています。

## 練習 1　A71

はじめに長めの話を聞いてください。メモを取ってもかまいません。

（1）何について家族三人は話していますか。

(a) 話し手のメモを取りましょう。

娘

母

父

（2）質問とせんたくしを聞いて、
1から4の中から、最も良いものを一つ選んでください。

| 1 | 2 | 3 | 4 |
|---|---|---|---|

## II 三人の長い会話のとらえ方

### 練習 2 A72

はじめに長めの話を聞いてください。メモを取ってもかまいません。

（1）何について三人は話していますか。

(a) 話し手のメモを取りましょう。

男

女

女2

（2）質問とせんたくしを聞いて、
1から4の中から、最もよいものを一つ選んでください。

| 1 | 2 | 3 | 4 |
|---|---|---|---|

## Ⅲ 話し手と二人以上の会話の整理

ここで問題形式は話し手の話を聞いた後、二人の聞き手が話の内容について会話をします。最初に話し手の話を理解し、メモを取ってください。また二人の会話から意見の違いや補足などを聞き、メモを加えてください。会話の後に質問が出ます。そして、その質問の答えを4つのせんたくしから選んでください。あらかじめ、せんたくしを読んでおくことも大切です。

### 例題 3番

**(1) 話し手の話を聞きながらせんたくしの横にメモを取りましょう。**

1 クーリング・オフができる

---

2 インターネットの広告

---

3 クーリングオフはできない

---

4 消費者センターの広告

---

**(2) 質問とせんたくしを聞いて、**
**1から4の中から、最も よいものを一つ選んで○をつけてください。**

| 質問1 | 1 | 2 | 3 | 4 |
|---|---|---|---|---|
| 質問2 | 1 | 2 | 3 | 4 |

## Ⅲ 話し手と二人以上の会話の整理

**会話**

アドバイザーがクーリング・オフについて話をしています。

女　：皆さん、商品やサービスを購入するとき、必ず契約をしますね。でも解約したいと思うこともありますね。そんな時、無条件で解約できる制度があります。それをクーリング・オフといいます。ではどんな時、活用できるのでしょうか。まず自宅に訪問された時や街頭で呼び止められて契約をした時、また電話で勧誘された時などたくさんあります。商品を購入した日から８日間、販売のしかたによっては20日間の場合もあります。なお、便利な通信販売は対象外です。トラブルになったら地域の消費者センターに相談してください。

女２：ネット広告でかわいいワンピースがあったから注文したの。２万円をカードで支払ってね。でも、近くの店で同じようなものが安く売っていたのよ。止めたいと思ったんだけど。

男　：それってクーリング・オフができるかってことだね。

女２：そうなの。問い合わせしたら「契約は解除できません」て、言われちゃった。でもまだ一週間しか経ってなかったのに。

男　：通信販売は対象外だって消費者アドバイザーが言っていたよ。

女２：そうか、あ～あ、失敗しちゃった。

**質問１**　女２の人は何を見たのでしょうか。

**質問２**　男の人はクーリング・オフができると思っていますか。

**答え**

（1）アドバイザーの話を聞きながらせんたくしの横にメモを取りましょう。

1　クーリングオフができる

商品やサービスを購入　契約　解約したい　無条件で解約

自宅に訪問　街頭で呼び止め　電話で勧誘　8日間

2　インターネットの広告

ワンピース　注文　2万円をカード　駅前の洋品店　止めたい

3　クーリング・オフはできない

通信販売は対象外

4　消費者センターの広告

トラブル　地域の　相談

（2）　質問1　2　　質問2　3

**解説** 女2の人は「ネット広告でかわいいワンピース」を見て「注文した」と初めから言っています。質問1の答えは「2」です。しかし、それを止めたいと男の人に話しかけています。男の人はクーリング・オフの対象外は「便利な通信販売」を覚えていたのです。質問2の答えは「3」です。

# Ⅲ 話し手と二人以上の会話の整理

## 練習 1 A73

はじめに長めの話を聞いてください。メモを取ってもかまいません。

（1）専門家の話を聞いて、せんたくしの横にメモを取りましょう。

1　一番目のこと

2　二番目のこと

3　三番目のこと

4　四番目のこと

（2）二つの質問を聞いて、

1から4の中から、最もよいものを一つ選んでください。

1　サポート業者に電話した。

2　ブラウザを強制終了した。

3　パソコンを再起動した。

4　セキュリティソフトをインストールした。

質問1　男の人は警告音の後、なにをしたのですか。

| 1 | 2 | 3 | 4 |
|---|---|---|---|

質問2　女の人は警告音の後、なにをしたのですか。

| 1 | 2 | 3 | 4 |
|---|---|---|---|

## 練習 2 A74

はじめに長めの話を聞いてください。メモを取ってもかまいません。

（1）防災グッズの話を聞いて、せんたくしの横にメモを取りましょう。

1　野菜の保存と乾パンセット

2　バッグ付き日用品セット

3　お湯で温める保存食セット

4　水やお湯を使わない保存食セット

（2）二つの質問を聞いて、
1から4の中から、最もよいものを一つ選んでください。

1　野菜の保存と乾パンセット
2　バッグ付き日用品セット
3　お湯で温める保存食セット
4　水やお湯を使わない保存食セット

質問1　男の人は防災グッズとして何を買いますか。

| 1 | 2 | 3 | 4 |
| --- | --- | --- | --- |

質問2　女の人は防災グッズとして何を買いますか。

| 1 | 2 | 3 | 4 |
| --- | --- | --- | --- |

# 実践問題編
## 模擬試験

「聴解」の試験で出題される

「課題理解」「ポイント理解」「概要理解」「即時応答」「統合理解」の

５つの形式について実際のN2試験に近い模擬試験で学びましょう。

## 模擬試験　問題1　B01

問題1では、まず質問を聞いてください。それから話を聞いて、問題用紙の1から4の中から、最も良いものを一つ選んでください。

例

1　野菜と調味料を買う。
2　野菜と魚を買う。
3　砂糖と果物を買う。
4　野菜と飲み物を買う。

1番　B02

1　安い部屋のみ案内する。
2　駅から近い部屋だけ案内する。
3　間取りの良い部屋のチラシを見せる。
4　すべての部屋を案内する。

2番　B03

1　草取りを始める。
2　アイガモを買いに行く。
3　田んぼにネットを張る。
4　アイガモを売りに行く。

3番　B04

1　コーヒーショップでのアルバイト。
2　ピザ店でのアルバイト。
3　コンビニでのアルバイト。
4　レストランでのアルバイト。

4番 B05

1　5100円。

2　5300円。

3　4040円。

4　4240円。

5番 B06

1　日本企業の就職試験を受ける。

2　N2の日本語能力試験を受ける。

3　N2の日本語能力試験の申し込みをする。

4　インターンシップの申し込みをする。

## 模擬試験　問題2　B07

問題2では、まず質問を聞いてください。
そのあと、問題用紙のせんたくしを読んでください。読む時間があります。
それから話を聞いて、問題用紙の1から4の中から、最もよいものを一つ選んでください。

例

1　ゲームにはまってしまったから。

2　今やるところだから。

3　宿題はいつもやっているから。

4　母親がうるさいから。

1番 B08

1　花に水をあげすぎた。

2　花に水をあげなかったから。

3　花より音楽が好きだったから。

4　音楽は一番好きだったから。

**2番**　B09

1　昨夜遅くまで残業したから。

2　他の書類作りは終わったから。

3　法改正の年度の見間違えをしたから。

4　職場の「相棒」がいたから。

**3番**　B10

1　「住みよい街のランキング」がトップだから。

2　住宅の近くにお店や公園が多いから。

3　子育てに積極的な自治体だから。

4　首都圏近郊の街だから。

**4番**　B11

1　アルバイトを休めなかった。

2　アルバイトの休みを利用した。

3　まだ読み終わっていなかった。

4　スマホのゲームが楽しくて忘れていた。

**5番**　B12

1　電話を受けたら警察に知らせる。

2　電話には出ないようにする。

3　自動録音装置を取り付ける。

4　留守番電話に設定する。

**6番**　B13

1　終了時間までに送る。

2　すぐに送る。

3　来週中に送る。

4　今週中に送る。

## 模擬試験　問題3　B14

問題3では、問題用紙に何もいんさつされていません。
この問題は、全体としてどんな内容かを聞く問題です。話の前に質問はありません。
まず話を聞いてください。それから、質問とせんたくしを聞いて、
1から4の中から、最もよいものを一つ選んでください。

| | | | | | |
|---|---|---|---|---|---|
| 例 | | 1 | 2 | 3 | 4 |
| 1番 | B15 | 1 | 2 | 3 | 4 |
| 2番 | B16 | 1 | 2 | 3 | 4 |
| 3番 | B17 | 1 | 2 | 3 | 4 |
| 4番 | B18 | 1 | 2 | 3 | 4 |
| 5番 | B19 | 1 | 2 | 3 | 4 |

## 模擬試験　問題4　B20

問題4では、問題用紙に何もいんさつされていません。
まず文を聞いてください。それから、それに対する返事を聞いて、
1から3の中から、最もよいものを一つ選んでください。

| | | | | |
|---|---|---|---|---|
| 例 | | 1 | 2 | 3 |
| 1番 | B21 | 1 | 2 | 3 |
| 2番 | B22 | 1 | 2 | 3 |

3番　B23　1　2　3

4番　B24　1　2　3

5番　B25　1　2　3

6番　B26　1　2　3

7番　B27　1　2　3

8番　B28　1　2　3

9番　B29　1　2　3

10番　B30　1　2　3

11番　B31　1　2　3

12番　B32　1　2　3

## 模擬試験　問題5　B33

問題5では、長めの話を聞きます。この問題には練習はありません。

メモをとってもかまいません。

1番・2番　B34　B35

問題用紙には何もいんさつされていません。

まず話を聞いてください。それから、質問とせんたくしを聞いて、

1から4の中から、最も良いものを一つ選んでください。

1番　1　2　3　4

2番　1　2　3　4

3番　B36

まず話を聞いてください。それから、二つの質問を聞いて、それぞれ問題用紙の１から４の中から、最もよいものを一つ選んでください。

質問１
1　初期の歴史から。
2　第二期の歴史から。
3　第三期の歴史から。
4　新幹線から現代まで。

質問２
1　初期の歴史から。
2　第二期の歴史から。
3　第三期の歴史から。
4　新幹線から現代まで。

# 問題解答編

序章　【会話文と解答】
じょしょう　かいわぶん　かいとう

◎音声に注意して聞き分け、その特徴になれる ••••••••••••••••••••••••
おんせい　ちゅうい　き　わ　とくちょう

🔊 **A01**　練習1-1　解答（問題は10ページ）

文を聞いてa・b・のいずれかに○をしてください。
ぶん　き

| | | | |
|---|---|---|---|
| 例　朝の練習に出かけた。 れい あさ れんしゅう で | ⓐ | b | |
| （１）　私に読書は大切なもの。 わたし どくしょ たいせつ | ⓐ | b | |
| （２）　日本の山は奥深い。 にほん やま おくぶか | a | ⓑ | |
| （３）　彼は技能がすぐれている。 かれ ぎのう | ⓐ | b | |
| （４）　我が家の屋根は瓦です。 わ や やね かわら | a | ⓑ | |
| （５）　私は九州から来ました。 わたし きゅうしゅう き | ⓐ | b | |
| （６）　毛並みのいい犬だ。 け な いぬ | ⓐ | b | |
| （７）　川の流れは速い。 かわ なが はや | a | ⓑ | |
| （８）　「おい」と誰かが声をかけた。 だれ こえ | ⓐ | b | |
| （９）　豆は食べるものである。 まめ た | a | ⓑ | |
| （10）　選挙に行ってきた。 せんきょ い | a | ⓑ | |

🔊 **A02**　練習1-2　解答（問題は11ページ）

文を聞いてa・b・cのいずれかに○をしてください。
ぶん　き

| | | | | |
|---|---|---|---|---|
| 例　自宅は安心できる場所。 れい じたく あんしん ばしょ | ⓐ | b | c | |
| （１）　船で航海する予定だ。 ふね こうかい よてい | ⓐ | b | c | |
| （２）　春の長雨には困っている。 はる ながあめ こま | a | b | ⓒ | |
| （３）　彼はおちょうし者だよね。 かれ もの | a | ⓑ | c | |
| （４）　君の学校はどこですか。 きみ がっこう | ⓐ | b | c | |
| （５）　問題の全体をつかんでください。 もんだい ぜんたい | a | ⓑ | c | |
| （６）　外車で出勤する。 がいしゃ しゅっきん | ⓐ | b | c | |
| （７）　電子マネーのご案内。 でんし あんない | a | b | ⓒ | |
| （８）　借金を返したの。 しゃっきん かえ | a | ⓑ | c | |
| （９）　エア・コンを部屋に取り付けた。 へや と つ | a | ⓑ | c | |
| （10）　やっぱり私は好きだった。 わたし す | a | b | ⓒ | |

## A03　練習2-1　解答（問題は13ページ）

**会話とそれに対する返事を聞いて、最もよいものを a から c の中から選んでください。**

**例**　女：宿題はおわったの。
　男：a　休みの日だよね　　ⓑ　やっとね　　c　晴れているね

（1）男：みんな食べちゃうの。
　女：a　不味いから　　b　不満だわ　　ⓒ　好きなのよ

（2）女：あら、遊んでるわ。
　男：ⓐ　仲がいいからね　　b　気まぐれだよ　　c　聞こえないよ

（3）男：これ、初心者向けだね。
　女：a　車ね　　b　散歩ね　　ⓒ　簡単ね

（4）女：あれ、買っとくね。
　男：ⓐ　ありがとう　　b　ごくろうさま　　c　ごきげんよう

（5）男：とても速かったね。
　女：a　彼はライナーよ　　ⓑ　彼女はランナーよ　　c　彼はセンサーよ

（6）女：もう、行かなくちゃ。
　男：a　もう、食べてない　　b　まだ眠くない　　ⓒ　まだ、いいじゃない

（7）男：それって、違うんじゃないの。
　女：ⓐ　そう、間違ってる　　b　そう、正しい　　c　そう、分からない

（8）女：この規則まもれるの。
　男：a　うん、早ければ　　ⓑ　うん、なんとかね　　c　うん、元気だして

A04　練習2-2　解答（問題は14ページ）

会話文を聞いて、元の形をひらがなで書いてください。

例　そうか、始まってるか。（はじまっているか）

（1）　先生は、出かけちゃう。（でかけてしまう）

（2）　夏なのに、海じゃ行かないって。（うみではいかないって）

（3）　スポーツ、やらなきゃいけないの？（やらなくてはいけないの）

（4）　ねぼけてるのは　夢ではない。（ねぼけているのは）

（5）　食べちゃったら　出かける。（たべてしまったら）

（6）　飲んじゃった　ことにした。（のんでしまった）

（7）　こんどは、連れてく。（つれていく）

（8）　これから、泳いでく。（およいでいく）

（9）　今すぐ、読んどく。（よんでおく）

（10）　ここはカバンが、とっても高くって。（とてもたかくて）

## 第1章　課題理解【会話文と解答】

### Ⅰ　何をするかをめぐる表現

A05　練習1-1　解答（問題は32ページ）

まず、会話を聞いてください。女の人と男の人ではどちらがやるのか

A・Bのいずれかに○をつけてください。

（1）女：これ練習問題だけど多すぎるわ。
　　男：テストの為だと思えば。　　答え　A

（2）女：あれ、ちょっと取ってよ。
　　男：またなの。　　答え　B

（3）女：こういうのはどうかな。
　　男：自分でやるとなると大変だね。　　答え　A

（4）女：そっちのほうがいいと思います。
　　男：やっぱりね。　　答え　B

（5）女：これお願いしてもいいかしら。
　　男：簡単だからやらせてください。　　答え　B

（6）女：スーパーで買い物して来てくれる。
　　男：手が離せなくて。　　答え　A

A06　練習1-2　解答（問題は32ページ）

男の人と女の人が話しています。女の人は最初に何をしなければなりませんか。

男：この商品、奥の棚の上に載せておいてね。それからそっちは倉庫にしまっておいて。
女：分かった。そっちが倉庫ですね。ところでちょっとお願いがあるの。
男：どうした、珍しいことだね、お願いだなんて。
女：来週の月曜日の３時からのシフトなんだけど、変わってもらえないかしら。
男：月曜日、ちょっとまって。ああいいよ、じゃ金曜日と変えようか。

女：ありがとう。じゃ、シフトの件は私から店長に話しとく。
おんな　　　　　　　　　　　　　けん わたし　　てんちょう はな

男：僕から言ってもいいけど。そうだ、土曜日、映画に行かない。
おとこ ぼく い　　　　　　　　　　　　　　どうようび えいが い

女：いいわね。さあ、働かなきゃ。
おんな　　　　　　　　　　はたら

女の人は最初に何をしなければなりませんか。
おんな ひと さいしょ なに

答え　3
こた

## Ⅱ　どうします・どうしますか

A07　練習1-1　解答（問題は35ページ）

まず、会話を聞いてください。男の人はどう思っていますか。
かい わ き　　　　　　　　　　おとこ ひと　　　おも

A・Bのどちらかに○をつけてください。

（1）女：車のことはまかせてね。
おんな くるま
　　男：そうするよ。
おとこ

答え　A
こた

（2）女：仕入れはちょっとむりね。
おんな し い
　　男：そうはいっても……。
おとこ

答え　B
こた

（3）女：私のテキスト、見当たらないの。
おんな わたし　　　　み あ
　　男：探してみるよ。
おとこ さが

答え　A
こた

（4）女：今夜、バーベキューやるわよ。
おんな こん や
　　男：仕事があるんで……。
おとこ し ごと

答え　B
こた

（5）女：ボランティア活動してるの。
おんな　　　　　　かつどう
　　男：もちろんだよ。
おとこ

答え　A
こた

（6）女：これ、保管しておいてね。
おんな　　　ほ かん
　　男：倉庫はいっぱいだよ。
おとこ そう こ

答え　B
こた

A08 練習1-2 解答(問題は35ページ)

まず質問を聞いてください。それから、問題用紙のせんたくしを読んでください。

つぎに会話を聞いて、問題用紙の1から4の中から、最もよいものを一つ選んで○をつけてください。

女の人と男の人がゴミの分別について話しています。男の人はマグカップをどうしますか。

女：プラスチック製容器とペットボトルの分別、分かった？
男：だいたいね。
女：だいたいじゃ困るのよ。ゴミは分別しなきゃならないから。
男：プラスチックは「プラ」マークがついているんだろう。
女：そうよ。
男：ペットボトルは「ペットボトルマーク」だよね。中身は洗わなきゃだめだよね。
女：洗っても汚れが落ちないのは、「不燃物」だからね。
男：これどっちかな、古いマグカップだけど。
女：きれいに洗ったの。
男：むり、汚れが落ちないんだよ。

男の人はマグカップをどうしますか。

答え　3

## Ⅲ 何をしますか

A09 練習1-1 解答(問題は37ページ)

まず、会話を聞いてください。女の人は最初に何をしますか。

A・BあるいはA・B・Cのいずれかに○をつけてください。

（1） 女：朝起きたらコップ一杯の水を飲むことにしてるの。
男：最初に歯をみがかないの。
女：みがくけど、その後ね。

答え　A

（2） 女：春の半額セールに行くのよ。
男：気分一新だね。
女：そうだ、やっぱり洗濯があるわ。

答え　B

（3）子：お母さん、このマンガ買って。
　　女：ちょっと、この間買ったばかりでしょ。この次ね。
　　子：なんでぇ、いつもこの次なんだから。　　　　答え　B

（4）男：本を借りたら閲覧室に行こう。
　　女：その前に化粧室に寄るわ。
　　男：じゃ、本は後回しか。　　　　答え　C

（5）女：まず、この用紙に記入してください。
　　　　その後で診察します。
　　　　そうそう、検温を先にしますね。　　　　答え　C

（6）女：自動車の運転免許取りに行ったのよ。
　　　　合格したら、免許証は後でだって。
　　　　そう、警察署まで取りに行くの。　　　　答え　A

**A10　練習1-2　解答（問題は37ページ）**

**まず質問を聞いてください。それから、問題用紙のせんたくしを読んでください。つぎに会話を聞いて、問題用紙の1から4の中から、最もよいものを一つ選んで○をつけてください。**

**女の人と男の人が犬の話をしています。犬と仲良くなるには何をしますか。**

女：最近犬を飼い始めたの。
男：ペットだね。で、どうなのうまく飼いならしているの。
女：それがね。なかなか思うようにはいかないのよ。何とかトイレはできてるんだけど。
　　目を合わせようとすると嫌がってるの。
男：そりゃそうだ。目を合わせたい気持ちはわかるけど、犬は威嚇だと思ってるよ。
　　初めはなでたり、抱っこしたほうがいい。
女：ときどき怒られた様にしっぽをお尻の下に巻き込んだりもするのよ。
男：それも同じだね。親切にやってあげているようだけど、怖いって思わせてるんだ。
女：私って全く逆ね。でも、時々しっぽを振ってくれるし、楽しそうに吠えてくれる。

男：あんまり大声で吠えなきゃいいけど。吠えるのはうれしい気分だって伝えてるからね。

女：そう、それだけは私もよく分かっているわ。子供のころ飼っていた経験もあるから。

男：大切な家族の一員になるには、もう少し時間はかかりそうだね。

犬と仲良くなるには何をしますか。

答え　1

## Ⅳ　何をしなければなりませんか

A11　練習1-1　解答（問題は38ページ）

まず、会話を聞いてください。男の人は何をしなければなりませんか。

A・Bのいずれかに○をつけてください。

（1）男：コンパに行かなくちゃ。
女：レポートの提出があるでしょう。
男：あっ、そうだよね。

答え　A

（2）女：新型コロナが増えたって。
男：えっ、そうなんだ知らなかった。
女：ちょっとそれって、危ないわよ。

答え　A

（3）男：このところアルバイトが忙しくって。
女：ちょっと、企業説明会始まったわよ。
男：あっ、来週からだと思ってたよ。

答え　B

（4）女：明るくナチュラルな光を取り入れてね。
男：空間を大きくしますか。
女：木造なので地震対策も必要よ。

答え　B

（5）男：首都高速を走っているんだけど渋滞だよ。
女：出口で降りたほうがいいわよ。
男：そうか、なるほどね。

答え　A

（6）男：授業のノートいつも書き取ってたよね。
女：当然じゃない。
男：二三日貸してくれないかな。

答え　B

**A12　練習1-2　解答（問題は39ページ）**

まず質問を聞いてください。それから、問題用紙のせんたくしを読んでください。
つぎに会話を聞いて、問題用紙の1から4の中から、最もよいものを一つ選んで○をつけてください。

学校で女の学生と男の学生が話しています。女の学生は最初に何をしなければなりませんか。

女：卒業記念の旅行をしようと思っているの、どこか安く行けるところはない？
男：海外、国内、どっちの旅行。
女：コロナ禍なので海外は無理ね。出来れば東北地方へ行ってみたい。
旅行しながら被災地援助の一助になればいい。気ままな一人旅ね。
男：なるほど、ホテル付のツアーでなければ、
東北地方は「えきねっとトクだ値」を使うと安いよ。
女：みどりの窓口に行けば申し込めるの。
男：インターネットで申し込むと窓口より安くなるって。
でも、インターネット見るなら、「格安チケット」も見たほうがいい。
ただし、途中下車は出来ない。
女：それがちょっとデメリットね。でも、まずはそっちから見て、比べてみるわ。
男：ホテルもビジネスホテルを使えば素泊まりなら意外に安いからね。

女の学生は最初に何をしなければなりませんか。

答え　3

## 第2章　ポイント理解【会話文と解答】

### I　どうして～ていますか

A13　練習1-1　解答（問題は42ページ）

まず、問題を聞いてください。

そしてA・Bのどちらか正しい方に○をつけてください。

（1）　私の家、どうやってわかったの。　答え　A

（2）　パンケーキはどんなふうにして作ったの。　答え　B

（3）　どういうわけでこの本買ったの。　答え　A

（4）　なぜ、あなたはみんなと行かないの。　答え　B

（5）　どうして雨の中傘を差さずに来たの。　答え　A

A14　練習1-2　解答（問題は43ページ）

まず質問を聞いてください。それから、問題用紙のせんたくしを読んでください。
つぎに会話を聞いて、問題用紙の１から４の中から、最もよいものを一つ選んで

○をつけてください。

女の人たちが話をしています。女の人はどうしてほしいと言っていますか。

女　：最近では、男の人が家事の中心になっているってよく聞くわよね。あなたのとこも。
女２：だって彼の仕事はリモートなんだもの当然よ。
女　：あなたは、リモートじゃないの。
女２：私は最初から家でイラストレーターとしてやっているわ。
女　：手伝わないの。
女２：私の方が忙しくて家事どころじゃないのよ。
　　　それに小学生の子供もいるし、彼の料理、私より上手だしおいしいわ。
女　：そうなんだ。家の夫もリモートにならないかしら。

女の人はどうしてほしいと言っていますか。

答え　2

A15　練習1-3　解答（問題は43ページ）

女の人と男の人が話をしています。
女の人はどうして部屋の掃除をやれないと言っていますか。

女：このところ、新しい職場に移動したら朝が早くなっちゃった。
男：人事異動のおかげだね。でも君の希望だったんだろう。
女：そうなの、自分の希望通りの移動なのよ。
男：じゃ、文句も言えないじゃないか。
女：でもね、ちょっと甘かったかな。外から見ていたのと全く違っていたし。
男：そんなに、きつい職場なのかな。みんな明るい笑顔でインスタに写ってるよ。
女：それは仕事の上だからよ。部屋の掃除もしばらくやってないわ。
男：きれい好きの君にしては、それは問題だね。

女の人はどうして部屋の掃除をやれないのですか。

答え　2

## Ⅱ　何が～ていますか

A16　練習1-1　解答（問題は44ページ）

まず、問題を聞いてください。そしてA・B・Cの中から
正しいものに○をつけてください。

（1）　君が何を言いたいのか分からない。　　答え　A

（2）　時刻表を見ろと言われても、何んか意味がわかんない。　　答え　A

（3）　お弁当食べちゃった。何んでダメなんだ。　　答え　B

（4）　えっ、何が悪いんだ。　　答え　B

（5）　今日の会議で、何か聞きたいことがあったんでは。　　答え　C

（6）　好き嫌いがあるんだ、で何を食べるの。　　答え　C

**A17　練習1-2　解答（問題は45ページ）**

**夫と妻が話しています。**

**夫は何をいらないと言っていますか。**

男：菜を摘みに行かないか、団地の土手まで。
女：もうそんな季節になったのね。行こう、楽しみね。
男：ビニール袋は必ず持ってきて。それからハサミも。そうか、ハサミはいいや。
女：わかった。でも、どこにあるのかしら。
男：最近の君は家事をやっていないからビニール袋のある所もわからないか。
女：私の時は野菜置き場の周辺よ。あなたと違うのね、きっと。
男：そんなことはないよ。以前君が置いていたところだから。
女：だからそれが見当たらないの。帽子はあったけど。

**夫は何をいらないと言っていますか。**

答え　3

**A18　練習1-3　解答（問題は45ページ）**

**女の人と男の人が話しています。**

**女の人は女性について何を思っていましたか。**

女：あら、山根君のピアス面白い形ね。
男：そうかな。こんな形は縄文前期に、女の人がつけてたって言われちゃったよ。
女：えっ、ピアスってそんなに古い時代から女性がつけてたの。
男：ほら、勾玉なんて、中学の歴史で習ったろう。
　これはケツジョウ耳飾りって言うらしいよ。耳たぶに穴をあけて飾っていたって。
女：ふーん、女性ってずいぶん昔から、自分を「美しく見せたい」と思ってたのね。
男：そうじゃないよ。ピアスはもともと病気などに対する魔除けだったんだって。

女：そうなの。美意識が高いのかと思った。

男：ピアスって古代エジプトやインドなどにも存在していて、古い歴史があるんだって。

女の人は女性について何を思っていましたか。

答え　1

## Ⅲ　どう

A19　**練習1-1　解答（問題は46ページ）**

まず、問題を聞いてください。

そしてA・B・Cの中から正しいものに○をつけてください。

（1）　どう、君の国の経済は。　答え　A

（2）　やっぱり問題だと思うけど、どう。　答え　B

（3）　どう、元気だった。　答え　A

（4）　その本読み終わったって、どう。　答え　C

（5）　彼の判断は正しいと思うけど、どう。　答え　B

（6）　どう、昨日の試合は。　答え　C

A20　**練習1-2　解答（問題は47ページ）**

学生がアルバイトについて話しています。

女の学生が「どう」と言っている意味は何ですか。

男：最近、デリバリーのアルバイトをしてるんだよ。

女：へぇ、大変ね。いつもバイクで車道を走ってるんでしょ。危険じゃないの。

男：三輪車になってるからむしろ安定感があるね。

女：でも、学生のアルバイトって安いんでしょ。

男：それがさぁ、初日に入店祝いだなんて言われて、三万円もらっちゃった。
女：えっ、働かないうちに。そんなの貰うと何かあっても辞められないんじゃないの。
男：確かにそんな気にはさせるけど、長く働くつもりだよ。
女：それって、だいじょうぶなの、どう。

女の学生が「どう」と言っている意味は何ですか。

答え　4

A21　**練習1-3　解答（問題は47ページ）**

**女の人と男の人が話しています。**
**女の人の「どう」は何を聞いているのですか。**

女：どう、最近の調子は。
男：あまりいいとは言えないね。肘を手術してもう半年だよ。
女：でも、投げているんでしょう。
男：少しずつね。遠投は時々だよ。最初の痛みはなくなってるけど、
全身で投げるからまず下半身の強化だね。
女：それで、復活できるの。
男：そりゃ、分からないが、復活するために手術もしたしリハビリも頑張ってるし。
女：野球選手って、ほんとうにケガの多いスポーツね。
男：ケガをしないことが一流って言われるけどね。

**女の人の「どう」は何を聞いているのですか。**

答え　1

## Ⅳ　どんな

A22　**練習1-1　解答（問題は48ページ）**

**まず、会話を聞いてください。**
**そしてA・Bの中から正しいものに○をつけてください。**

（1）男：駅キャラスタンプラリーってやってる？

女：えっ、それってどんなラリーなの。
男：決められた駅エリアでスタンプを押して行くんだよ。

答え　A

（2）女：車を売りたいと思っているのよ。
男：売るんなら査定してもらったほうがいい。
女：それってどんなこと。

答え　A

（3）男：乗馬クラブに通っているんだ。
女：落馬なんかしたら大変よね。
男：どんな馬でも平気だよ。

答え　B

（4）女：お花を飾ると幸せがくるって。
男：どんな花なの。
女：特に決まっていないわ。

答え　A

（5）男：また。戦争が始まったよ。
女：みんな人間なのに、なんて愚かで残酷なんだろう。
男：ほんとに残念だよ。どんな時代なっても変わらないのかなぁ。

答え　B

（6）女：ギネスブックの認定って、いろいろあるのね。
男：科学から遊びまで様々だね。
女：じゃ、どんなことにも可能性があるってこと。

答え　B

**A23　練習1-2　解答（問題は49ページ）**

**女の人と男の人が話しています。**
**女の人はどんな本を読みたいと思っていますか。**

女：最近、スマホばかり使っているので、本など読むことも無くなったわ。
男：そうだよね。それは僕も同じだよ。
女：でもさ、それでいいってわけでもないわよね。

男：書店で新刊本が出ているのを見ても、仕事関係しか興味がわかないんだ。
女：学生だった時は単位を取るために読んだけどね。
男：同じだよ。特に教養本は。
女：時間に追われているからかしら。何か、楽しく読める本でも探してみようかな。
男：ハウツーモノでなくて、ハードボイルドものがいいけどね。
女：それは、けっこう長編小説ね。長くないほうがいいのよ。

**女の人はどんな本を読みたいと思っていますか。。**

答え　4

**A24　練習1-2　解答（問題は49ページ）**

**男の人と女の人が話しています。**
**男の人はどんなところに行きたいと言っていますか。**

男：夏の暑さを避けるために一週間ぐらい貸別荘にでも行ってみたいね。
女：そうね。海を見ながらのんびりしたいわね。
男：海もいいけど、高原はどうだろう。風が涼しいよ。
女：高原だったら温泉が付かないとだめね。
男：そうだね。でも、山にも登ってみたいと思わないか。
女：山なんか登ったら汗かいて、涼しさなんて味わえない。
男：いや、登った後の爽快感は、とっても気持ちがいいもんだ。
女：私はやっぱり広々とした海を眺めてのんびりしたい。

**男の人はどんなところに行きたいと言っていますか。**

答え　2

## V　いつ～ですか

**A25　練習1-1　解答（問題は50ページ）**

**まず、会話を聞いてください。**
**そしてA・Bの中から正しいものに○をつけてください。**

（1）男：就活で面接したんだけど、どうかな。
女：インターンシップはやったの。
男：反応がちょっとね。いつもより厳しかった。

答え　A

（2）女：帰国するって聞いたけど、いつなの。
男：チケットが取れ次第だね。
女：いつまでも忘れないでね。

答え　B

（3）男：多めに作ったカレーは冷凍庫だね。
女：味が落ちちゃわない。
男：いや、いつでも食べられるから便利だよ。

答え　B

（4）女：スマホを使いはじめたのはいつから。
男：高校の時からかな、みんなが持っていたから。
女：それってコミュニケーションの為なんだ。

答え　A

（5）男：海釣りに行かないか。船宿から連絡が入ったんだ。
女：あら、なんて言ってきたの。
男：「いつでも来てください」って。

答え　A

（6）女：あなたね。病院から返されたって。
男：眩暈を起こして救急車で運ばれたんだけどねぇ。
女：今はコロナの対応でいつもより忙しいのよ。

答え　B

**A26　練習1-2　解答（問題は51ページ）**

**女の人と男の人が話しています。**

**女の人はいつ展覧会を観に行くと言っていますか。**

女：美術館でフェルメールの展覧会をやっているの。観に行かない。
男：いいね。17世紀オランダの写実主義の画家だね。

女：そうよ。でも残された絵画は少ないのよ。

男：僕が知っているのはやっぱり「真珠の耳飾りの少女」と「牛乳を注ぐ女」だね。

女：それは印象的な作品ね。あどけない少女のふと振り返った仕草がいいわね。

男：そうだよ。ミルクを注いでいる女性には生活力を感じるね。
濃紺のスカートも精神的な主婦の強さを感じさせるよ。

女：私は夜がいいんだけど仕事の関係で。早くても7時かしら。

男：夜間は金曜日だけだよ。だいじょうぶ？

女：えっ、そうなの。じゃ休日しかないな。それも午後ね。

男：僕の方は時間を合わせるよ。

**女の人はいつ展覧会を観に行くと言っていますか。**

答え　1

**A27　練習1-3　解答（問題は51ページ）**

**男の人と女の人が話しています。**

**男の人はいつナポリタンを作ると言っていますか。**

男：ナポリタンを作りたいと思っているんだけど。

女：今夜の食事ってことなの。

男：いや、今夜作るんではなくて、今夜は外食でいいだろう。

女：じゃ、どうしてナポリタンを作りたいの。

男：冷蔵庫を見たらケチャップを見つけたんだよ。ベーコンも。

女：今週はあなたが当番だけど、無理をしなくていいのよ。

男：金曜の夜とか、土曜の夜とかはどうかな。

女：私としては、休日の夜がいいな。のんびりとワインなどを飲みながら、
そうねチーズやハムなども添えてね。

男：分かった。二人の都合のいい夜に作るよ。

**男の人はいつナポリタンを作ると言っていますか。**

答え　4

## 第３章　概要理解【会話文と解答】

### ◎話の内容全体を理解しましょう

A28　**練習1-1　解答（問題は55ページ）**

まず話を聞いてください。それから、質問とせんたくしを聞いて、
１から４の中から、最もよいものを一つ選んでください。

テレビで建築家が視聴者に向けて話をしています。

男：日本の戸建て住宅も時代とともに変わってきました。それを見ることができるのはやはり住宅展示場でしょう。住宅は生活のしかたの変化でもあります。例えば、ペットとの生活を楽しむ家族は、時にペット優先とも思えるほど室内空間の在り方を重視します。また小さなお子さんを中心に室内の遊びを優先した空間重視の住宅もあります。一般的には従来の木を重視して開放的な空間を大切にする住宅です。近年の巨大地震や津波に対応する住宅づくりも進んでいます。家づくりはまず建築会社選びから始めてください。

建築家は何について話していますか。

1　戸建て住宅の変化について。
2　戸建て住宅のペットの優先について。
3　戸建て住宅の子供の遊び優先について。
4　戸建て住宅の地震対策の必要について。

答え　1

A29　**練習1-2　解答（問題は55ページ）**

まず話を聞いてください。それから、質問とせんたくしを聞いて、
１から４の中から、最もよいものを一つ選んでください。

新入女性社員の服装について話をしています。

女：女性のスーツ選びは新生活のスタートでもあります。なんと言っても色合いは濃いグレーとか暗い色がよいです。見た目にも知的な雰囲気があります。そのうえで第一にサイズの問題があります。仕事をするのですから動きやすさは大切で、少しゆとりのあるサイズがよいと思います。それから丈の問題もあります。長くなく短くなくです。中に着るインナーはやはり白系になると合わせやすいです。それに社風というものもありますから二着

目<ruby>め</ruby>などは<ruby>先輩<rt>せんぱい</rt></ruby>に<ruby>相談<rt>そうだん</rt></ruby>するのもよいでしょう。<ruby>二<rt>に</rt></ruby>か<ruby>月<rt>げつ</rt></ruby>もすると<ruby>初夏<rt>しょか</rt></ruby>です。<ruby>明<rt>あか</rt></ruby>るいジャケット
も<ruby>揃<rt>そろ</rt></ruby>えたいものです。

**<ruby>新入女性社員<rt>しんにゅうじょせいしゃいん</rt></ruby>に<ruby>伝<rt>つた</rt></ruby>えたい<ruby>言葉<rt>ことば</rt></ruby>は<ruby>何<rt>なん</rt></ruby>ですか。**

1 <ruby>二<rt>に</rt></ruby>か<ruby>月後<rt>げつご</rt></ruby>のジャケットを<ruby>揃<rt>そろ</rt></ruby>えること。
2 <ruby>仕事<rt>しごと</rt></ruby>をするための<ruby>動<rt>うご</rt></ruby>きやすさが<ruby>大切<rt>たいせつ</rt></ruby>なこと。
3 <ruby>丈<rt>たけ</rt></ruby>は<ruby>多少長<rt>たしょうなが</rt></ruby>くてもかまわないこと。
4 インナーは<ruby>白系<rt>しろけい</rt></ruby>に<ruby>決<rt>き</rt></ruby>まっていること。

<ruby>答<rt>こた</rt></ruby>え　2

🔊 A30　**<ruby>練習<rt>れんしゅう</rt></ruby>1-3　<ruby>解答<rt>かいとう</rt></ruby>（<ruby>問題<rt>もんだい</rt></ruby>は55ページ）**

まず<ruby>話<rt>はなし</rt></ruby>を<ruby>聞<rt>き</rt></ruby>いてください。それから、<ruby>質問<rt>しつもん</rt></ruby>とせんたくしを<ruby>聞<rt>き</rt></ruby>いて、
1から4の<ruby>中<rt>なか</rt></ruby>から、<ruby>最<rt>もっと</rt></ruby>もよいものを<ruby>一<rt>ひと</rt></ruby>つ<ruby>選<rt>えら</rt></ruby>んでください。

**<ruby>女<rt>おんな</rt></ruby>の<ruby>人<rt>ひと</rt></ruby>と<ruby>男<rt>おとこ</rt></ruby>の<ruby>人<rt>ひと</rt></ruby>が<ruby>話<rt>はな</rt></ruby>しています。**
<ruby>女<rt>おんな</rt></ruby>：<ruby>母<rt>はは</rt></ruby>の<ruby>日<rt>ひ</rt></ruby>のプレゼントなんだけど、

　　　カーネーションのブーケと<ruby>花鉢<rt>はなばち</rt></ruby>のどちらにしようかと<ruby>迷<rt>まよ</rt></ruby>っているの。
<ruby>男<rt>おとこ</rt></ruby>：<ruby>切<rt>き</rt></ruby>り<ruby>花<rt>ばな</rt></ruby>は、<ruby>見<rt>み</rt></ruby>た<ruby>目<rt>め</rt></ruby>はきれいだけどすぐに<ruby>枯<rt>か</rt></ruby>れちゃうから、<ruby>枯<rt>か</rt></ruby>れないほうがいいよ。

　　　<ruby>母<rt>はは</rt></ruby>は<ruby>花<rt>はな</rt></ruby>が<ruby>好<rt>す</rt></ruby>きだから。
<ruby>女<rt>おんな</rt></ruby>：そうよね。でもさ、<ruby>今回<rt>こんかい</rt></ruby>はお<ruby>菓子<rt>かし</rt></ruby>とセットもあるのよ。
<ruby>男<rt>おとこ</rt></ruby>：へぇー。そっちも<ruby>切<rt>き</rt></ruby>り<ruby>花<rt>ばな</rt></ruby>と<ruby>花鉢<rt>はなばち</rt></ruby>があるの。

　　　じゃ<ruby>渡<rt>わた</rt></ruby>した<ruby>後<rt>あと</rt></ruby>で、みんなで<ruby>食<rt>た</rt></ruby>べられるってわけだ。
<ruby>女<rt>おんな</rt></ruby>：そこよ。どうせって<ruby>言<rt>い</rt></ruby>っちゃ<ruby>悪<rt>わる</rt></ruby>いけど、みんな<ruby>集<rt>あつ</rt></ruby>まればお<ruby>菓子<rt>かし</rt></ruby>は<ruby>必要<rt>ひつよう</rt></ruby>なものでしょ。

　　　それにお<ruby>母<rt>かあ</rt></ruby>さんは<ruby>買<rt>か</rt></ruby>い<ruby>物<rt>もの</rt></ruby>に<ruby>行<rt>い</rt></ruby>かなくて<ruby>済<rt>す</rt></ruby>むし。
<ruby>男<rt>おとこ</rt></ruby>：それはいい<ruby>考<rt>かんが</rt></ruby>えだね。なかなか<ruby>実家<rt>じっか</rt></ruby>に<ruby>行<rt>い</rt></ruby>くことって<ruby>少<rt>すく</rt></ruby>なくなったしね。
<ruby>女<rt>おんな</rt></ruby>：<ruby>結局<rt>けっきょく</rt></ruby>、<ruby>私<rt>わたし</rt></ruby>たちも<ruby>自分<rt>じぶん</rt></ruby>の<ruby>生活<rt>せいかつ</rt></ruby>に<ruby>振<rt>ふ</rt></ruby>り<ruby>回<rt>まわ</rt></ruby>されているのね。
<ruby>男<rt>おとこ</rt></ruby>：そうだね。ともかくそれにしよう。

**<ruby>母<rt>はは</rt></ruby>の<ruby>日<rt>ひ</rt></ruby>に<ruby>何<rt>なに</rt></ruby>をプレゼントしますか。**

1　カーネーションのブーケ。

2　カーネーションの花鉢。

3　カーネーションのブーケとお菓子。

4　カーネーションの花鉢とお菓子。

答え　4

## Ⅰ　何についての調査ですか

A31　**練習1-1　解答（問題は56ページ）**

**まず話を聞いてください。それから、質問とせんたくしを聞いて、１から４の中から、最も よいものを一つ選んでください。**

**スーパーの店先に並んだ野菜について調査をしています。**

女：店長、このところ野菜全般に仕入れの状態が悪いのですが、何とかしないとだめだと思います。いくら端境期と言っても売り場としてはとても困っています。お客さんが手にしてもすぐに戻してしまうほどです。それで結果的には売れ行きが悪くなり棚に飾ることもできなくなっています。大根、ニンジン、ゴボウ、サトイモ、それにピーマン、キャベツ、レタス、ホウレンソウ、ともかく根菜類から葉物まで新鮮さが常に求められています。このままでは客足も遠のきます。価格がある程度上がっても農家から直接取引を進めた方が効率的だと思います。

男：ふ〜ん。じゃ仕入れ先ではなく農家に出向いて現地調査をしてみるか。

**何についての現地調査をするのですか。**

1　野菜全般の直接取り引きについて。

2　お客さんが買わないものについて。

3　大根・ニンジンなどの根菜類について。

4　レタス・キャベツなどの葉物について。

答え　1

## A32 練習1-2 解答（問題は56ページ）

まず話を聞いてください。それから、質問とせんたくしを聞いて、

１から４の中から、最も よいものを一つ選んでください。

考古学の発掘の調査について話しています。

男：今回のＡ地点と言われるこの現場は、すでにいくつかの埋蔵文化財が発掘されています。埋蔵文化財と言ってもすでに皆さんがご存じの恐竜の骨などではありません。貝塚を通して縄文時代の土器や土偶、研磨石器、弓矢など古代の人々の生活用品が発掘調査の対象です。一つでも多く埋蔵文化財を発掘してください。ご存じと思いますが矢じりとして黒曜石が使われています。黒曜石は割ると鋭い刃先のようになりますね。Ａ地域は黒曜石が多く出土しています。よって狩猟が盛んにおこなわれたことを表しています。今回は特に重点的に見つけてください。

何についての発掘調査ですか。

1　縄文時代の発掘調査。
2　貝塚の発掘調査。
3　恐竜の骨の発掘調査。
4　土器と土偶の発掘調査。

答え　1

## A33 練習1-3 解答（問題は56ページ）

まず話を聞いてください。それから、質問とせんたくしを聞いて、

１から４の中から、最も よいものを一つ選んでください。

女の人が人口動態の調査結果について話しています。

女：地方の小都市が合併して人口が一気に増えた時、ピーク時は12万人近くに達しました。それから５年後の統計調査によりますと2000人近くの人口減がみられました。ところが2020年の５回目の統計調査ではピーク時から1.4万人の減少です。そして人口減はさらに急下降し、９回目の統計調査に予測される人口減は４万人と表れています。この小都市では年少者の人口減少と生産年齢の減少下降は著しいです。逆に高齢者の減少傾向は多少存在するものの横ばい状態です。小都市の課題は必然的に見えてくると思います。

**調査結果の課題は何を表しているのでしょうか。**

1　若者を呼び込む街づくり。
2　若者が楽しめる街づくり。
3　誰もが働ける生産関係の街づくり。
4　高齢者が働ける街づくり。

答え　3

## Ⅱ　何をしに来ましたか

A34　**練習1-1　解答（問題は57ページ）**

**まず話を聞いてください。それから、質問とせんたくしを聞いて、1から4の中から、最もよいものを一つ選んでください。**

**女の人と男の人が話しています。**

女：あっ、失礼します。田中さんいらっしゃいますでしょうか。
男：田中ですか、彼は今食事に出かけていますけど。何か御用ですか。
女：はい、実は当社の企画した製品のサンプルをお持ちしました。
男：田中と約束されているのですか。
女：はい、午後一時にお会いできるということでした。
男：そうか、じゃもうそろそろ戻ってくると思います。
　　こちらでお待ちください。契約か何かですか。
女：はい、できればそう願いたいのですが、
　　今日は話だけでも聞いていただけるということでしたので。
男：ふ～ん、彼も新しい企画作りに奔走しているんだなぁ。

**女の人は何をしに来ましたか。**

1　友達の田中さんに会いに来た。
2　自社の企画品の売り込みに来た。
3　会社の企画品を見てもらいに来た。
4　企画作りに奔走して来た。

答え　2

## A35　練習1-2　解答（問題は57ページ）

まず話を聞いてください。それから、質問とせんたくしを聞いて、

１から４の中から、最もよいものを一つ選んでください。

母と子が話しています。

母：枯れ葦の中から聞こえてくる鳥の声なんだけど、あれは何という鳥なの。

子：あっ、あれは、ジョウビタキっていうんだよ。

母：よくわかるわね。

子：キビタキと体つきは似ているけど、「チュィーチュン」て鳴いているのですぐわかる。

母：あっ、あれ見て、ほらお腹がオレンジ色に膨らんでいる。

子：ジョウビタキだ。

母：ほんとに翔君は小鳥が好きね。

子：お母さんと散歩によくここに来るからね。

親子は何をしに来ましたか。

1　散歩に来た。

2　ジョウビタキを捕まえに来た。

3　鳥の声を聴きに来た。

4　枯れ葦の中を覗きに来た。

答え　1

## A36　練習1-3　解答（問題は57ページ）

まず話を聞いてください。それから、質問とせんたくしを聞いて、

１から４の中から、最もよいものを一つ選んでください。

男の人と女の人が話しています。

男：やあ、待った。遅くなってごめん。

女：それほどでもなかったわ。予約名簿に記入しておいたからもうすぐよ。

男：ここが一番いいと思って誘ったんだよ。

　　公園を散策している人の姿が見られるので、それがほっとするんでね。

女：でも、公園のレストランていうから、どこかと思った。

ここ、公園カフェって書いてあるじゃない。
男：そうか、ときどき友達と食事をとるのでレストランと思いこんでいたんだな。
女：テーブルはテラスと店内ってあるので、テラスって書き込んでおいたわ。
男：それがいいね。今日は暖かいし、おしゃべりするのにもってこいだ。
ちょっとビールも飲みたい気分になるね。
女：メニューを見てたら、季節のスペシャルパスタがいいと思ったわ。
やさいがたくさん入っているから。で、今日のテーマは何。
男：ともかく、ゼミ長として卒業旅行の企画を早く回さないといけないんだよ。

**男の人は何をしに来ましたか。**

1　公園を散策する人を見に来た。
2　卒業旅行の打ち合わせに来た。
3　公園カフェで食事をするために来た。
4　彼女に会うため誘って来た。

答え　2

## Ⅲ　何の話をしていますか

**A37　練習1-1　解答（問題は58ページ）**

**まず話を聞いてください。それから、質問とせんたくしを聞いて、1から4の中から、最も よいものを一つ選んでください。**

**テレビで文化研究者がインタビューに答えています。**
男：日本人と蕎麦との関係について何かお話してください。
女：日本人のほとんどの人が蕎麦は日本の食文化だと思っていますね。昔は人々が引越しをすると、新しく出会う近所の人たちに「引越し蕎麦」などを配ったりしました。また新年を迎える前の大晦日には「年越し蕎麦」と言って蕎麦を食べる習慣があります。最近では若者に「年越し蕎麦」は人気ともいわれています。ところが、その蕎麦の実は日本産は少なく、7割が海外からの輸入に頼っているといわれています。それゆえに世界の景気の動向によって、価格は高騰したりします。一杯の蕎麦を食べるのにも値段は不安定な状況に置かれているのが日本の蕎麦の現状ですね。

**文化研究者は何の話をしているのでしょうか。**

1 「引越し蕎麦」として配った話。
2 一杯の蕎麦だけでなく、二杯目が欲しくなる話。
3 大晦日にみんなで食べて新年を迎える話。
4 蕎麦の実を海外からの輸入に頼っている話。

答え 4

**A38 練習1-2 解答（問題は58ページ）**

**まず話を聞いてください。それから、質問とせんたくしを聞いて、1から4の中から、最もよいものを一つ選んでください。**

**テレビで評論家がインタビューに答えています。**

女：先生、最近食品の値上がりが一気に加速していますが。
男：そうですね。おかげで消費者が楽しみにしていた「プチ贅沢品」が影をひそめてしまいました。今年に入って株価の動きと、円安が加速しましたので、輸入品の値上がりが顕著です。庶民にとっての「プチ贅沢品」も、諸物価の高騰で消費者に手が出なくなってしまったというわけです。店頭に並ぶ数も減ってきました。消費者の財布はますます固くなっていますね。

**評論家は何の話をしているのですか。**

1 食品の値上がりの原因。
2 円安が加速する原因。
3 プチ贅沢品が店から消えた原因。
4 消費者の財布が固くなった原因。

答え 3

問題解答編 第3章 概要理解

A39　練習1-3　解答（問題は58ページ）

まず話を聞いてください。それから、質問とせんたくしを聞いて、１から４の中から、最もよいものを一つ選んでください。

レポーターが男の人にインタビューをしています。

女：駅構内のチラシを見ていましたが何を見ているのですか。

男：いや、実は家族旅行についてなんですよ。各県の観光スポットや観光行事などが結構満載されています。ほら、「駅からいちご」なんて書かれていればもう栃木県ですよね。こっちの「ワイン県」なんていわれれば大人は誰でも山梨県て思うでしょう。私などの鉄道マニアにとっては「ガタン」なんて書かれると群馬県の旅を思い出します。ともかくこうして駅構内に飾られているチラシは旅行の気持ちを掻き立てられます。

男の人は何をしているのですか。

1　家族旅行の行き先調べをしている。
2　各県の観光スポットの調査をしている。
3　鉄道マニアは群馬県を旅している。
4　駅構内のチラシで旅行している。

答え　1

## Ⅳ　話し手の意図についてどう思っていますか

A40　練習1-1　解答（問題は59ページ）

まず話を聞いてください。それから、質問とせんたくしを聞いて、
１から４の中から、最もよいものを一つ選んでください。

夫婦がサッカーについて話しています。

妻：あなたって、いつごろからサッカーを始めたの。

夫：本格的に始めたのは、やっぱし友達から借りた『キャプテン翼』からだね。

妻：あら、私は兄が夢中でやっていたの、見てからよ。面白そうだって思って。

夫：まあ、とっかかりなんて、思いがけないところから始まるものだよ。

妻：それで、あなたは翼になろうと思ったの。

夫：そうだね。ともかくサッカーが好きになって、楽しくできると信じたんだね。

妻：現実はどうだった。

夫：練習は自発的に行ったたし、ともかく毎日が楽しかった。

妻：それで選手にもなれたんだ。

夫：そうだよ。もうずいぶん昔のことになってしまったが、
たくさんの友達もできたし、みんな努力した結果だね。

**夫はサッカーについてどう思っていますか。**

1　とっかかりは思いがけないものだ。

2　『キャプテン翼』を友達から借りた。

3　キャプテン翼になろうと思った。

4　好きだったので毎日が楽しかった。

答え　4



**A41　練習1-2　解答（問題は59ページ）**

**まず話を聞いてください。それから、質問とせんたくしを聞いて、**
**１から４の中から、最も よいものを一つ選んでください。**

**女の人と男の人が話しています。**

女：桜の花が咲くたびに、ランドセルを背負ったときのこと思い出すわ。

男：一年生の頃のことだね。

女：違うの、幼稚園の時よ。姉と兄がいてね。ランドセル背負って学校に行くのよ。

男：そうか。お姉さんのランドセルを背負わせてもらったんだ。

女：それも違う。私があまりにもランドセルを欲しがるので、
いとこの使い終わったランドセルを母がもらってきたの。

男：それを背負ったときの思い出なのか。

女：そうなの。一年生になった兄と一緒に桜並木を歩いて学校までついて行ったの。
とても嬉しかったの。

男：へぇ、そうなんだ。それがランドセルと桜の思い出か。

女の人はランドセルについてどう思っていますか。

1 ランドセルはいとこのお古だった。
2 一年生の兄と学校まで歩いた。
3 最初に背負ったのは幼稚園に行くときだった。
4 桜が咲くと、ランドセルを背負った時を思い出す。

答え 4

A42 練習1-3 解答（問題は59ページ）

まず話を聞いてください。それから、質問とせんたくしを聞いて、１から４の中から、最もよいものを一つ選んでください。

男の人と女の人が話しています。

男：やっと 42.195kmをサブスリーで走れたよ。
女：すごいじゃないの市民ランナーとしては一流ね。
男：そんなことはないよ。ただ練習がきつかった。会社の行き帰りは毎日だったからね。
女：毎日どれくらい走っていたの。
男：最低 10kmだね。大会の前は 30km走を二度走ったけど。もっとも休みの日もあったけどね。
女：月にすると 300km程度は走ったの。
男：いや、それではサブスリーができなかった。もう 50kmほど走らないとね。
女：そんなに走るんだ。私はゆっくりと走りたいわ。
男：市民ランナーは自分の体に合わせて楽しめばいいんだよ。
女：そうよね。

男の人はサブスリーになる為にはどう思っていますか。

1 市民ランナーとして一流と思っている。
2 練習はきつかったと思っている。
3 一月 350kmは走らないといけないと思っている。
4 一月 300kmでいいと思っている。

答え 3

## V どうだったと言っていますか

A43 **練習1-1 解答（問題は60ページ）**

**まず話を聞いてください。それから、質問とせんたくしを聞いて、**

**1から4の中から、最もよいものを一つ選んでください。**

**若手の野球選手がインタビューに応えて話しています。**

男：いやぁ、今年のキャンプは結構充実していました。自分が予定していた以上のものを実戦形式で練習できましたから。それに昨年末の自主トレも自分で言うのも変ですが頑張りました。あとはオープン戦で監督に認めてもらえるような成績を残したいです。去年一年間はほとんど二軍でしたからね。やはり一軍の選手にならないと名前も覚えてもらえません。厳しい社会だと実感しています。絶対秋には別の意味でのインタビューを受けたいものです。

**若手の野球選手は野球についてどうだったと言っていますか。**

1 今年のキャンプは充実していた。
2 実戦形式の練習をした。
3 自主トレを頑張った。
4 厳しい社会と実感している。

**答え** 4

A44 **練習1-2 解答（問題は60ページ）**

**まず話を聞いてください。それから、質問とせんたくしを聞いて、**

**1から4の中から、最もよいものを一つ選んでください。**

**学生が友達に話しています。**

男：現在世界では至る所で紛争が起きている。そのたびに生活の場を追われて避難民が生まれているんだ。例えばシリアなどは国民の半数が難民状態と言われている。ロシアとウクライナの戦争でも500万人、600万人と避難民がヨーロッパに向かった。紛争地では避難民が増えているんだよ。しかも避難民の多くは食料・医療などが欠乏して、厳しい生活をしているんだ。世界中、なんで紛争の日々が続くのだろうか。誰もが人の命の大切さを知っているはずなのに。紛争を思うと人間の愚かさばかりが目に付くよ。いつになったら紛争のない未来が人間に来るのだろうか、それを思ってしまうんだ。

**学生は避難民をどうだったと言っていますか。**

1　紛争が起きて避難民が生まれている。
2　避難民は食料・医療など欠乏し生活は厳しい。
3　紛争のない未来が人間に来るのか。
4　紛争は人間の愚かさだ。

答え　2

**A45　練習1-3　解答(問題は60ページ)**

**まず話を聞いてください。それから、質問とせんたくしを聞いて、1から4の中から、最もよいものを一つ選んでください。**

**主婦がドラッグストアのチラシを見て話しています。**

女：「スペシャルプライス」のチラシをドラッグストアの入り口で見つけました。それを見て驚きました。期間が二か月もあるのです。しかも細かく商品の写真があって、そこに三分の一ほどの大きな数字が書かれていました。それが大特価の値段です。だけど、写真の中に生鮮食品はありません。チラシをひっくり返すと、裏もたくさんの商品と大特価の値段がついていました。すべて主婦が必要としている生活用品です。しかもコーナーごとにヘルスケアとかビューティケアとか書かれています。薬剤品もあるのがドラッグストアですね。

**主婦は「スペシャルプライス」を見てどうだったと言っていますか。**

1　薬剤品が載っていたので驚いた。
2　二か月も期間があるので幸運だ。
3　ドラッグストアらしいチラシであった。
4　生鮮食品があるので嬉しかった。

答え　3

## Ⅵ　伝えたい言葉はなんですか

A46　練習1-1　解答（問題は61ページ）

まず話を聞いてください。それから、質問とせんたくしを聞いて、１から４の中から、最もよいものを一つ選んでください。

女性の店長と、アルバイトの男性が話しています。

女：当店の業務はみなさんシフト制になっています。
男：シフト制は同僚との出会いが少ないですね。
女：確かにそうかもしれません。しかし仕事の能率と収益をいかに上げるか、それが当店の課題なのです。
男：でも、私はアルバイトですからそこまでは……。
女：最初からあきらめないでください。無関心はアルバイトでもダメですよ。
男：現状での改善策はあるのですか。
女：あります。それをみんなの話し合いで見つけたいのです。
男：収益が上がれば、時給も上がりますか。
女：そう、当然のことです。

女性の店長の伝えたい言葉はなんですか。

1　業務のシフト制について。
2　同僚との出会いが少ない。
3　仕事の能率と収益を上げること。
4　業務への無関心はダメだ。

答え　4

A47　練習1-2　解答（問題は61ページ）

まず話を聞いてください。それから、質問とせんたくしを聞いて、
１から４の中から、最もよいものを一つ選んでください。

男の店長が若い女性に話しかけています。

男：「母の日のプレゼント」にはお持ち帰りのギフトと宅配ギフトがあります。

問題解答編　第３章　概要理解

女：パンフレットを見ると、フルーツ関係が美味しそうね。
男：自社工場で製造していますから、見ても食べても楽しさと美味しさがあります。
女：フルーツサンドはフルーツがたっぷり入っているのね。
男：はい、そうです。ホイップもすべて自社製です。
　　こちらはフルーツを大輪の花ように盛り付けしています。
女：でも、やっぱりカーネーションもないとさみしいわね。
男：それならば、カステラなどとセットのものもあります。
　　それは宅配となっています。
女：そうか。まったく趣が違っているわね。
男：はい、当店は皆さんのニーズに合う「母の日のプレゼント」をご用意しています。

**男の店長の伝えたい言葉は何ですか。**

1　客のニーズに合った「母の日のプレゼント」を用意している。
2　パンフレットを見ただけで美味しいと感じる。
3　ホイップも自社製である。
4　「母の日のプレゼント」はお持ち帰りと宅配がある。

答え　1

**A48　練習1-3　解答（問題は61ページ）**

**まず話を聞いてください。それから、質問とせんたくしを聞いて、**
**１から４の中から、最もよいものを一つ選んでください。**

**女性の生活相談員が若者に話しかけています。**
女：18歳おめでとうございます。成人になりましたね。
男：ありがとうございます。なんだか突然責任感を感じています。
女：責任を感じることも大切ですけど、知っておかなければならないことがあります。
男：特別なことでしょうか。
女：それは契約についてです。今までは契約しても未成年者には
　　取り消しする権利がありました。
男：それは親に内緒でクレジットカードで買い物などしたあと問題になった時のことですか？

女：それもありますが、契約した後で知らなかったとはもう言えないということです。
男：契約には責任が伴うということですね。
女：そうです。成人になるということは、自分一人で決めることはできますが、
責任を負うのも自分だということです。
男：そうか。責任感を感じるということは自分自身に対することなんだ。

**生活相談員が若者に伝えたい言葉はなんですか。**

1　18歳は成人になったということ。
2　成人は契約の責任は自分自身で負うこと。
3　20歳まで未成年取り消しの権利が続くこと。
4　クレジットカードでの買い物は必要なこと。

答え　2

## Ⅶ　～ているのは何ですか

A49　**練習1-1　解答（問題は62ページ）**

**まず話を聞いてください。それから、質問とせんたくしを聞いて、**
**1から4の中から、最もよいものを一つ選んでください。**

**女の人と男の人が話しています。**
女：東日本大震災以降ボランティア活動が根付いたと思ったけど、まだまだね。
男：そうかな、随分と大勢の人が参加していると思うんだが。
女：最初は私もそう思っていたのよ。でも、月日が経つと忘れ去られているわよ。
男：そういわれると。災害があるときだけボランティアが必要かなと思えるよ。
女：災害時だけでないわ。老人や児童への福祉ボランティアもあるのよ。
男：それはなかなか難しいね。生活に余裕がないとできないよ。
女：そうね。自分の生活に余裕がない今の日本人には難しい選択ね。
男：活動のための資金繰りも難しいしね。

**女の人が指摘しているのは何ですか。**

1　ボランティア活動が少なくなったこと。

2　最近ボランティアが増えたこと。

3　ボランティア活動の資金が不足していること。

4　日本人は生活に余裕がないこと。

答え　1

A50　**練習1-2　解答（問題は62ページ）**

**まず話を聞いてください。それから、質問とせんたくしを聞いて、**

**１から４の中から、最もよいものを一つ選んでください。**

**先輩社員が新入社員と話しています。**

男：最初に必ず書かなければならないのは、相手の会社の盛栄をともに喜ぶことばだ。

女：はい。でも、その後の「平素」とか、「ご愛顧」なんて、これまで使ったことはありません。

男：「平素」とは、いつもという意味で、「ご愛顧」とは自分の会社がお世話になっていますという意味だよ。

女：じゃ、この取引先は長い付き合いがあるということですか。

男：長い付き合いだけではなく、ともに大切なパートナーであるということだ。

女：「今後ともお引き立て賜る」なんて言葉も、仕事以外に使わないですね。

男：そう、こうした書き方が日本のビジネス用語であり文章なんだ。

女：なんだか慣れるまでは大変ですね。

男：マニュアルがあるから、それを活用して作成してかまわないよ。

女：わかりました。

**先輩社員が話しているのは何ですか。**

1　相手の会社の繁栄について。

2　取引会社との長い付き合いについて。

3　ビジネス用語と文章の書き方について。

4　マニュアル通りに書く練習について。

答え　3

A51 **練習1-3 解答（問題は62ページ）**

**まず話を聞いてください。それから、質問とせんたくしを聞いて、**

**１から４の中から、最も良いものを一つ選んでください。**

**女の人と男の人が話しています。**

女：母の日にプレゼントをしたので、父の日にもと思っているのよ。

男：それはいいことだね。

女：でも、パンフレットを見たら驚いたわ。母の日はお花やケーキなどたくさんあるのに。

男：わかった。たぶん父の日はお酒とお肉って言いたいのだろう。

女：そう、そうなのよ。どうしてなのって不思議に思ったの。

男：一般的に、お父さんはお酒が好きで、それにお肉を食べて元気で頑張ってねって家族は願っているんだね。

女：女は家庭で、男は外で仕事しなさいっていう概念なのね。

男：確かにそんな発想があるかもね。

女：私は絶対ほかの物をプレゼントするわ。

**父の日のプレゼントについて話しているのは何ですか。**

1　父の日はプレゼントはしなければいけないということ。

2　パンフレットを見て驚いたこと。

3　お父さんが酒好きなこと。

4　パンフレットにも男と女の違いという概念があること。

答え　4

## ◎カタカナ語の言葉と意味の理解について

A52 **練習1-1 解答（問題は65ページ）**

**まず話を聞いてください。それから、それに対する返事を聞いて、**

**１から３の中から、最も良いものを一つ選んでください。**

**女：ガーデニングと言えばイギリスね。でも日本には日本庭園ていうものがあるわ。**

男：1　いずれにしても自分で作るもんじゃないね。

　　2　どちらも自然をテーマにした庭造りだね。

3　どっちとも<ruby>言<rt>い</rt></ruby>えないけど、<ruby>好<rt>す</rt></ruby>き<ruby>好<rt>す</rt></ruby>きの<ruby>問題<rt>もんだい</rt></ruby>だな。

<ruby>答<rt>こた</rt></ruby>え　2

🔊 A53　　<ruby>練習<rt>れんしゅう</rt></ruby>1-2　<ruby>解答<rt>かいとう</rt></ruby>（<ruby>問題<rt>もんだい</rt></ruby>は65ページ）

まず<ruby>話<rt>はなし</rt></ruby>を<ruby>聞<rt>き</rt></ruby>いてください。それから、それに<ruby>対<rt>たい</rt></ruby>する<ruby>返事<rt>へんじ</rt></ruby>を<ruby>聞<rt>き</rt></ruby>いて、

1から3の<ruby>中<rt>なか</rt></ruby>から、<ruby>最<rt>もっと</rt></ruby>もよいものを<ruby>一<rt>ひと</rt></ruby>つ<ruby>選<rt>えら</rt></ruby>んでください。

<ruby>女<rt>おんな</rt></ruby>：サスペンスドラマはいつもハラハラドキドキよ。<ruby>時間<rt>じかん</rt></ruby>の<ruby>関係<rt>かんけい</rt></ruby>で<ruby>最後<rt>さいご</rt></ruby>は<ruby>一気<rt>いっき</rt></ruby>に<ruby>終<rt>お</rt></ruby>わるけど。

<ruby>男<rt>おとこ</rt></ruby>：1　つまり、<ruby>視聴者<rt>しちょうしゃ</rt></ruby>の<ruby>関心<rt>かんしん</rt></ruby>をそらさないってことだね。

　　　2　どっちにしても、<ruby>忙<rt>いそが</rt></ruby>しいってことだね。

　　　3　やっぱり、<ruby>時間<rt>じかん</rt></ruby>は<ruby>大切<rt>たいせつ</rt></ruby>だと<ruby>言<rt>い</rt></ruby>っているのだろう。

<ruby>答<rt>こた</rt></ruby>え　1

🔊 A54　　<ruby>練習<rt>れんしゅう</rt></ruby>1-3　<ruby>解答<rt>かいとう</rt></ruby>（<ruby>問題<rt>もんだい</rt></ruby>は65ページ）

まず<ruby>話<rt>はなし</rt></ruby>を<ruby>聞<rt>き</rt></ruby>いてください。それから、それに<ruby>対<rt>たい</rt></ruby>する<ruby>返事<rt>へんじ</rt></ruby>を<ruby>聞<rt>き</rt></ruby>いて、

1から3の<ruby>中<rt>なか</rt></ruby>から、<ruby>最<rt>もっと</rt></ruby>もよいものを<ruby>一<rt>ひと</rt></ruby>つ<ruby>選<rt>えら</rt></ruby>んでください。

<ruby>男<rt>おとこ</rt></ruby>：バイクに<ruby>乗<rt>の</rt></ruby>っているから、<ruby>一度<rt>いちど</rt></ruby>くらいはサーキットに<ruby>出<rt>で</rt></ruby>たいよ。

<ruby>女<rt>おんな</rt></ruby>：1　<ruby>希望<rt>きぼう</rt></ruby>があると、<ruby>不思議<rt>ふしぎ</rt></ruby>と<ruby>夢<rt>ゆめ</rt></ruby>を<ruby>見<rt>み</rt></ruby>るのよ。

　　　2　サーキット<ruby>場<rt>じょう</rt></ruby>でアルバイトしていたのね。

　　　3　それでサーキット<ruby>場<rt>じょう</rt></ruby>で<ruby>練習<rt>れんしゅう</rt></ruby>していたのね。

<ruby>答<rt>こた</rt></ruby>え　3

◎<ruby>擬音語<rt>ぎおんご</rt></ruby>（<ruby>擬声語<rt>ぎせいご</rt></ruby>）・<ruby>擬態語<rt>ぎたいご</rt></ruby>について ••••••••••••••••••••••••

〈<ruby>擬音語<rt>ぎおんご</rt></ruby>（<ruby>擬声語<rt>ぎせいご</rt></ruby>）〉

🔊 A55　　<ruby>練習<rt>れんしゅう</rt></ruby>1-1　<ruby>解答<rt>かいとう</rt></ruby>（<ruby>問題<rt>もんだい</rt></ruby>は67ページ）

まず<ruby>話<rt>はなし</rt></ruby>を<ruby>聞<rt>き</rt></ruby>いてください。それから、それに<ruby>対<rt>たい</rt></ruby>する<ruby>返事<rt>へんじ</rt></ruby>を<ruby>聞<rt>き</rt></ruby>いて、

1から3の<ruby>中<rt>なか</rt></ruby>から、<ruby>最<rt>もっと</rt></ruby>もよいものを<ruby>一<rt>ひと</rt></ruby>つ<ruby>選<rt>えら</rt></ruby>んでください。

<ruby>女<rt>おんな</rt></ruby>：<ruby>奈良<rt>なら</rt></ruby>へ<ruby>旅<rt>たび</rt></ruby>した<ruby>時<rt>とき</rt></ruby>、<ruby>法隆寺<rt>ほうりゅうじ</rt></ruby>の<ruby>鐘<rt>かね</rt></ruby>が<ruby>鳴<rt>な</rt></ruby>っていたの。

<ruby>男<rt>おとこ</rt></ruby>：1　あの<ruby>鐘<rt>かね</rt></ruby>はカンカンと<ruby>鳴<rt>な</rt></ruby>っているよね。

2　重い音でゴーンと鳴っていたね。

3　あれは雷のようにゴロゴロと鳴ったね。

答え　2

**A56　練習1-2　解答（問題は67ページ）**

まず話を聞いてください。それから、それに対する返事を聞いて、1から3の中から、最もよいものを一つ選んでください。

男：雨がザーザー降ったけど、傘持っていなかった。

女：1　たいした雨でないから濡れないわ。

2　雷がザクザク鳴ったでしょうね。

3　ずいぶん濡れたでしょう。

答え　3

**A57　練習1-3　解答（問題は67ページ）**

まず話を聞いてください。それから、それに対する返事を聞いて、1から3の中から、最もよいものを一つ選んでください。

女：目の前でドーンと車がぶつかる事故を見たのよ。

男：1　救急隊はバタバタしただろうね。

2　救急隊はパンパン跳ねただろうね。

3　救急隊は体がガタガタだろうね。

答え　1

**〈擬態語〉**

**A58　練習1-1　解答（問題は69ページ）**

まず話を聞いてください。それから、それに対する返事を聞いて、1から3の中から、最もよいものを一つ選んでください。

男：今年の梅雨はイライラするほど長かったね。

女：1　休日は家でゴロゴロしていたわ。

2　出かけたけどオロオロしていたの。

3　結局ボロボロの気分で始まった。

答え　1

A59　**練習1-2　解答（問題は69ページ）**

まず話を聞いてください。それから、それに対する返事を聞いて、1から3の中から、最も よいものを一つ選んでください。

女：太陽がギラギラしているのは夏だからね。

男：1　うちの息子はいつもニコニコで変わらない。

2　暑くて家でダラダラしてしまうよ。

3　暑くてブラブラしてしまう。

答え　2

A60　**練習1-3　解答（問題は69ページ）**

まず話を聞いてください。それから、それに対する返事を聞いて、1から3の中から、最もよいものを一つ選んでください。

男：レギュラーに決まってワクワクしてる。

女：1　コロコロと変わることもないの。

2　なんだかウトウトしている。

3　練習でイライラしなくなったね。

答え　3

## 第４章　即時応答【会話文と解答】

### Ⅰ　一般的な会話の表現についての言葉

A61　**練習1-1　解答（問題は71ページ）**

**女の人と男の人の話している言葉に注意して、**

**「だれがするか」を選んでください。**

**例**　女：雨が降ってきたわ。傘持ってきた？
男：えっ、君の。　答え　男

（1）　女：早いわね？
男：あたりまえだよ。　答え　男

（2）　女：あなたのことみんなに言ってみるわ。
男：ほんとなの。　答え　女

（3）　女：また寝坊したのね？
男：いや、うっかりして。　答え　男

（4）　女：結果にがっかりだわ。
男：次回頑張ればいいよ。　答え　女

（5）　女：今度来るときはきっとよ。
男：わかった。　答え　男

（6）　女：５kmほどよ。
男：そう、僕もしたかったんだよ。　答え　女

A62　練習1-2　答えは(　　)の中(問題は72ページ)

話し手の呼びかけや質問などに、即座に応える判断が必要です。

話し手の問いかけに対する判断について正しい方に○をつけてください。

例　どこかへ連れて行ってくれない？　（　○連れて行ってほしい　）

（1）　アルバイトしてみる？　（　していない　）

（2）　スケボーしない？　（　誘っている　）

（3）　就職はするつもりだ。　（　これからする　）

（4）　彼は笑うことないんじゃない。　（　笑わない　）

（5）　彼の技術はなかなかだった。　（　上手かった　）

（6）　私たちのリーダーになってくれない。　（　まだリーダーでない　）

（7）　この傷、あなたがやったんでしょ。　（　やった　）

（8）　エラーをやっちゃった。　（　失敗した　）

（9）　泳げばよかったのに。　（　泳いでいない　）

（10）　君がくるのはわかってる。　（　友達は来る　）

## Ⅱ　挨拶の言葉にも尊敬語や丁寧語がつかわれます

A63　練習1-1　答えは(　　)の中(問題は74ページ)

会話の言葉に注意して、いつ使われるあいさつか、
正しい方を選んで○をつけてください。

例　おはようございます。　(　○朝　)

(1)　明けましておめでとうございます。　(　正月　)

(2)　ただいま戻りました。　(　帰社時　)

(3)　いってらっしゃい。　(　外出時　)

(4)　少々お待ちください。　(　入室時　)

(5)　ごきげんよう。　(　出会い　)

(6)　おかえりなさい。　(　帰宅時　)

A64　練習1-2　答えは(　　)の中(問題は75ページ)

話し手の呼びかけや質問などに、即座に応える判断が必要です。
話し手の問いかけに対する応えについて正しい方に○をつけてください。

例　あなたの誕生日なんだ。　(　残念だ　　○おめでとうございます　)

(1)　久しぶりだね。　(　ごきげんよう　)

(2)　今日でお別れですね。　(　さようなら　)

(3)　東京の本社に転勤なのですね。　(　おめでとうございます　)

問題解答編　第4章　即時応答

（4） あら、早かったのね。　（　ただいま　）

（5） 今朝は早いのね。　（　おはようございます　）

（6） 五時前に戻ります。　（　いってらっしゃい　）

（7） 失礼いたします。　（　少々お待ちください　）

（8） おっ、お帰り。　（　ただいま戻りました　）

（9） ご苦労さまでした。　（　失礼いたします　）

（10） 終わりにしていいですよ。　（　お先に失礼いたします　）

## Ⅲ　縮約語　短縮語について

**A65　練習1-1　答えは（　）の中（問題は77ページ）**

**会話の中における縮約語・短縮語について、一般的な言葉として正しい方を選んで○をつけてください。**

**例**　カラオケで歌っちゃった。　（　○歌うことができた　　歌うことはなかった　）

（1） 食べに行くって。　（　食べに行くのですか　）

（2） 話さなきゃ。　（　まだ話していない　）

（3） お金がなけりゃ買えない。　（　無ければ買えない　）

（4） あれ、見とく。　（　今は見ていない　）

（5） 新幹線に乗ったら。　（　乗った方がいい　）

（6） そりゃいいとも。 （ いいと思っている ）

（7） その本、読めば。 （ 読んでみた方がいい ）

（8） 気分はどう。 （ どうですかと聞いている ）

**A66 練習1-2 答えは（　　）の中（問題は78ページ）**

**話し手の呼びかけや質問などに、即座に応える判断が必要です。**
**話し手の問いかけに対する返事について１から３の中から、**
**最も良いものを一つ選んでください。**

① **男：投資を始めたけど君もやれば。**
　女：1　初めが肝心よ。
　　　2　資金が問題なのよ。
　　　3　旅行するからね。

答え　2

② **女：今回の試験失敗しちゃった。**
　男：1　どっちかと言えばね。
　　　2　どこか出かけないか。
　　　3　また頑張ればいいよ。

答え　3

③ **男：夏は海に行かなきゃ。**
　女：1　泳げないから無理。
　　　2　金魚の水泳大会だわね。
　　　3　自転車に乗りたいって言ってた。

答え　1

④ **女：最近、母はいつも散歩だって。**

男：1　体は元気じゃないね。
　　2　川が近いから便利だ。
　　3　健康を考えてるんだね。

答え　3

⑤　**男：同窓会は必ず行くとも。**
女：1　忘れないでね。
　　2　忘れることが多くなったわ。
　　3　父も誘おうかしら。

答え　1

⑥　**女：本気を出してチャレンジしたら。**
男：1　再就職は相手任せだね。
　　2　そう思ってるんだけど。
　　3　なんでも一周遅れだね。

答え　2

⑦　**男：それもいいけど、こっちはどう。**
女：1　見た目で判断しすぎたな。
　　2　船酔いがひどいからね。
　　3　どれも目移りしちゃうわ。

答え　3

⑧　**女：スピーチ大会の原稿は書いとく。**
男：1　君が頼りだから頼むよ。
　　2　君の足元を見てるんだね。
　　3　君から進めたのか。

答え　1

⑨　**男：これで二杯目だよ。君ももっと飲めば。**

女：1　口が裂けても飲まないわ。

2　無理よ、飲めないわ。

3　どうかしてるのね、この天気。

答え　2

⑩　**女：緊張してるの、もっと楽にしたら。**

男：1　将来のことがあるからね。

2　暇がないんだよ。

3　これが最後の試験だからね。

答え　3

## Ⅳ　イントネーションによる意味の違いについて

A67　**練習1-1　答えは(　　)の中(問題は80ページ)**

**会話の言葉の最後のイントネーションに注意して、**
**正しい方を選んで○をつけてください。**

**例**　えっ、お寿司食べたって。〈あがる〉（　○食べた　　）

（1）　日本の国技の相撲観たことあるの。〈さがる〉（　観た　）

（2）　電車に乗っていった。〈あがる〉（　聞いている　）

（3）　これがいいわよ。〈さがる〉（　勧める　）

（4）　あら、出かけたんじゃない。〈あがる〉（　居ない　）

（5）　映画に行かない。〈さがる〉（　断る　）

（6）　図書館に行く予定。〈あがる〉（　訊ねる　）

**A68　練習1-2　答えは（　　）の中（問題は81ページ）**

話し手の呼びかけや質問などに、即座に応える判断が必要です。
話し手の問いかけに対する応えとして正しい方に○をつけてください。

**例**　食事は終わったの。　（　うれしいね　　○まだだよ　）

（1）　メッセージはスマホじゃない。　（　やっぱしね　）

（2）　国際交流は難しいな。　（　残念だね　）

（3）　花の苗木を植えたの。　（　そうなんだ　）

（4）　彼が美術館前でって。　（　わかった　）

（5）　自転車より車がいいじゃん。　（　そりゃそうだよ　）

（6）　ともかくお願い。　（　またなの　）

（7）　バーベキューセット購入したの。　（　これからね　）

（8）　当日の受付で納入する。　（　まだ決めてない　）

（9）　彼もウイルスに感染だ。　（　気を付けないとね　）

（10）　海外旅行は夢だったんだ。　（　いつ行くの　）

## 第5章　統合理解【会話文と解答】

### I　二人以上の長い会話のとらえ方

A69　練習1　解答(問題は86ページ)

はじめに長めの話を聞きます。

メモを取ってもかまいません。

ファッションについて女の人が男の人に話しています。

女：初夏のファッションって難しいわ。

　インスタにアップされているの見たけど、すっきりしないの。

男：ファッションはトレンドがあるから気になるよ。

　僕の場合は若者から少し大人っぽくね。初夏の梅雨時もあるから。

女：男の人っていいわ。女性となると、おしゃれも着こなしが大事ってことなのよ。

　自分の好きなものを着る自信も必要だし。色彩だって意外に個性が出るし。

男：男性とは感性的な違いがあるね。僕は足元のスニーカーに重きを置きたいな。

女：そう、足元も問題ね。梅雨時って傘も気になるわ。

　でも、ブランドに左右されず、結局自分らしさをどう表現するかってことなのよね。

（1）何について女の人と男の人は話をしていますか。

答え　初夏のファッションについて話をしています

（a）話し手のメモを取りましょう。

女の人

インスタにアップ　おしゃれも着こなし　好きなものを着る自信

色彩は個性　梅雨時って傘も　ブランドに左右されず　自分らしさの表現

男の人

トレンド　大人っぽく　初夏の梅雨時

感性的な違い　足元のスニーカー

（2）質問とせんたくしを聞いて、１から４の中から、最もよいものを一つ選んでください。

女の人は初夏のファッションについてどう言っていますか。

1　おしゃれは足元まで大事にすることだ。

2　おしゃれは着こなしが大事かもしれない。

3　ブランドよりも自分らしさを表現すること。

4　初夏は梅雨時なので傘についても気にすること。

答え　3

A70　練習2　解答（問題は87ページ）

はじめに長めの話を聞きます。

メモを取ってもかまいません。

大学の先生と学生が話をしています。

先生：社会人になった卒業生とメールの交換をしたら、彼の研修期間が三か月もあると聞いて驚きました。
営業担当ですのでそのノウハウをじっくりと教えてもらっているのでしょう。

学生：先輩はどんな感想を知らせていますか。

先生：まだ感想らしいことはメールに入っていません。けど、ともかく学ぶことが多くて、気が抜けないということです。東京、神戸を一か月交代でホテル生活しながら、研修しているようです。

学生：三か月の研修で一人前の営業マンになれということですか。厳しいな。
僕は公務員があっているのかな。

先生：どんな仕事についても最初の年は学ぶことが多いものです。
企業も公務員もその点は変わらないと思いますよ。

（1）何について大学の先生と学生は話していますか。

答え　社会人になった卒業生の研修について

（a）話し手のメモを取りましょう。

大学の先生

卒業生とメール交換　研修期間が三か月　営業担当　ノウハウ
学ぶことが多い　東京、神戸を一か月交代　ホテル生活　企業も公務員も

---

学生
三か月の研修で一人前の営業マン　公務員があっている

---

**（2）質問とせんたくしを聞いて、１から４の中から、最もよいものを一つ選んでください。**

**大学の先生が「企業も公務員も変わらない」と言うのは何のことですか。**

1　就職した最初の年は学ぶことが多いこと。
2　三か月の研修で一人前になるという話のこと。
3　仕事は最初の年で学ぶということ。
4　公務員があっていると言いたいこと。

答え　1

## Ⅱ　三人の長い会話のとらえ方

A71　**練習1　解答（問題は91ページ）**

**はじめに長めの話を聞いてください。メモを取ってもかまいません。**

**家族三人が話しています。**

娘：お母さんこれ何なの。はがきに水彩画の絵がある。
母：ああ、それは絵手紙って言うのよ。
娘：へぇ、珍しいことしているのね。
母：親しい人に、「ご機嫌いかがですか」とかいう知らせね。
父：それだけじゃないよ。よく見てごらん。朝顔の絵だろう。
　絵手紙は季節に合わせて描いているんだ。この場合は暑中見舞いだよ。
娘：みんなスマホを持ってるんだから、ラインですればいいのに。絵文字だってあるんだから。
父：確かにラインはいつでも連絡がとれるよ。
　でも、なんというかな、絵手紙には表現された季節感の情緒があるんだよ。
母：日本人の奥ゆかしい文化なのよね、これは。

問題解答編　第５章　統合理解

娘：なんだかめんどくさいね。
父：そのめんどくささの中に、描く人の思いやりがこもっているんだ。
娘：じゃ、お父さんも絵手紙書くの。
父：いや、どうも絵は苦手でね。
母：口で言うほど誰もが描けるというものでもないのよ。
娘：やっぱりラインの方が便利ね。

（1）　何について家族三人は話していますか。

答え　絵手紙について

（a）　話し手のメモを取りましょう。

娘

はがきに水彩画　　珍しい　　スマホ　　ライン　　絵文字

めんどくさい　　お父さん絵手紙書くの　　ラインが便利

---

母

絵手紙　　ご機嫌いかが　　日本人の奥ゆかしい文化　　口で言うほど誰も

---

父

朝顔の絵　　絵手紙は季節に　　暑中見舞い　　季節感の情緒

描く人の思いやり　　絵は苦手

---

（2）質問とせんたくしを聞いて、１から４の中から、最も よいものを一つ選んでください。

母は絵手紙を何と言っていますか。

1　絵手紙は珍しい日本の絵画である。
2　絵手紙より絵文字を使ったラインがいい。
3　絵手紙は日本の文化である。

4　絵手紙よりスマホの方が便利だ。

答え　3

A72　**練習2　解答（問題は92ページ）**

**はじめに長めの話を聞いてください。**

**メモを取ってもかまいません。**

**三人が旅行の話をしています。**

男　：先日、会社の出張で関西へ行ったんだ。二日の予定だったけど、関西は初めてだった。

女　：あら、私は旅行で大阪や神戸に行ったことあるわ。

女２：へぇ、でどうしたの。何かあったの。

男　：いや、仕事はうまく運んだんだが、新大阪駅の構内で驚いたことがあったよ。

女　：何か事件でも起きたの。

男　：そうではなくて、どこにでもある旅行のチラシを見たんだ。すると「東京旅行」っていうのが目に入った。しかも二泊三日のコースって出ていた。反射的に「えっ」て思ったね。東京なんかに旅行する人がいるんだって、不思議だって…。

女　：それって当たり前じゃないの関西の人にとって。

女２：そうよ。私たちが大阪や神戸に二泊三日で旅行するのと何も変わらないじゃないの。

男　：確かにそうなんだけど、その時は「東京旅行なんてあり得ない」って思ったんだ。これから家に戻って行く先が旅行先とはとても考えられなくてね。

女　：瞬間的に錯覚したのね。東京は私たちの生活の基点だからね。

女２：そうか、旅行中にそんなチラシやパンフレットなど目に入らないけど、目にしたら不思議に思うかも。

男　：だろう。なんか異様な感じさえして、ただびっくりしていたよ。

女２：意外に田中君は情緒的なのね。

**（1）　何について三人は旅行の話をしていますか。**

答え　出張先で「東京旅行」のチラシをみた時の話について

(a) 話し手のメモを取りましょう。

男

出張で関西　二日の予定　関西は初めて　新大阪駅の構内で驚く

旅行のチラシ　東京旅行　二泊三日　東京なんかに旅行

戻って行く先が旅行先　異様な感じ

---

女

大阪や神戸に行った　当たり前　瞬間的に錯覚　生活の基点

---

女2

二泊三日で旅行　何も変わらない　チラシやパンフレット　田中君は情緒的

---

(2) 質問とせんたくしを聞いて、1から4の中から、最もよいものを一つ選んでください。

男の人は新大阪駅でどうなりましたか。

1　二泊三日の旅行をした。
2　早く東京に帰ろうと思った。
3　「東京旅行」のチラシを見て驚いた。
4　関西人は東京旅行が好きだと思った。

答え　3

## Ⅱ　話し手と二人以上の会話の整理

A73　練習1　解答(問題は96ページ)

はじめに長めの話を聞いてください。

メモを取ってもかまいません。

専門家がパソコンのセキュリティソフトについて話しています。

男　：パソコンでネット検索しているとき、突然警告音が鳴って、画面に「ウイルスに感染しています」と表示され、解除について説明されたことがありますか。これは有料サポートなどの悪質な契約の手口です。まず一番目はサポート業者に電話をかけないことが大切です。二番目は警告音が出ても警告画面を閉じるか、ブラウザを強制終了、あるいはパソコンの再起動をすれば解消されます。三番目はなによりも慌てないことが必要です。四番目はインストールしてしまった場合でもアンインストールが必要で、システムの復元あるいは初期化をしましょう。

男２：この間、突然警告音が鳴って、慌てて指示されたところに電話をかけちゃった。
そしたら遠隔操作するとか言われて。

女　：私もあったわ。どうしたらよいかわからなかった。慌てちゃって、
電話をかけて止めてもらおうとしたの。でも反射的に強制終了にしたのね。
それからまた立ち上げたら、まだはりついていたのよ。パソコンが壊れたかと思った。

男２：だろう、インストールした後が大変だった。
結局、セキュリティの代金だって結構な額を取られてしまった。

女　：私はパニックになって、何度も強制終了させた。
そしたら消えたけど、怖くてそのパソコンが使えなくなった。

**（1）　専門家の話を聞いて、せんたくしの横にメモを取りましょう。**

1　一番目のこと
サポート業者に電話

---

2　二番目のこと
警告画面を閉じる　　ブラウザを強制終了　　パソコンの再起動　　解除

---

3　三番目のこと。
慌てないこと

---

4　四番目のこと
インストール　　アンインストール　　システムの復元　　初期化

---



問題解答編　第5章　統合理解

（2）二つの質問を聞いて、１から４の中から、最も よいものを一つ選んでください。

質問１　男の人は警告音の後、なにをしたのですか。

答え　1

質問２　女の人は警告音の後、なにをしたのですか。

答え　2

A74　練習2　解答（問題は97ページ）

テレビでアナウンサーが防災グッズについて話しています。

女　：日本は地震だけでなく津波、地滑り、洪水、河川の氾濫など自然災害が多いです。そこで必要なのが防災グッズです。しかし、防災グッズと言っても多岐にわたります。簡単なものから長期に渡るものがあります。野菜不足に陥るのを防ぐ野菜の保存と乾パンセットや水なども入れることのできるバック付き日用品セット、更には緊急時にお湯で温めて食べられる保存食セット、あるいは水やお湯も使わないそのまま食べられる保存食、ともかくいろいろです。そう、アレルギー体質の方にはお勧めのセットもございます。この際、ぜひご家庭に備えておいてください。

男　：僕はマンション生活だから、危機意識は少ないよ。
　　まあ、何かそろえておくとしたら、お湯で温めて食べられるものかな。

女２：私は家族と一緒に住んでいるから、やっぱし防災グッズは必要よ。
　　水が出なくなったら困るから水やお湯を使わなくてもいいものが必要だわ。

男　：そうか。僕も今回はそれにした方がいいな。

女２：ああ、やっぱり野菜不足が気になるな。今回はこっちに決めた。

（1）防災グッズの話を聞いて、せんたくしの横にメモを取りましょう。

1　野菜の保存と乾パンセット
　自然災害が多い　防災グッズ　簡単　長期　野菜不足

---

2　バッグ付き日用品セット
　水なども入れる

---

3　お湯で温める保存食セット

緊急時

4　水やお湯を使わない保存食セット

アレルギー体質　家庭に備え

（2）二つの質問を聞いて、1から4の中から、最もよいものを一つ選んでください。

問1　男の人は防災グッズとして何を買いますか。

答え　4

質問2　女の人は防災グッズとして何を買いますか。

答え　1

# 実践問題解答編（じっせんもんだいかいとうへん）

## 実践問題解答編

### 模擬試験　問題１　B01　（問題は100ページ）

問題１では、まず質問を聞いてください。
それから話を聞いて、問題用紙の１から４の中から、
最もよいものを一つ選んでください。

**例**

スーパーのチラシを見て二人は話をしています。仕事帰りに何を買いますか。

男：地域新聞に、売り場をリニュアルしたスーパーのチラシが入っているよ。
女：安売りのチラシなの。
男：そうらしいね。「圧倒的な安さ」なんて書いてあるよ。
　ただ期間は金曜日から月曜日までだって。
　魚は土曜日限りで、飲み物は土日だけだ。
女：お醤油やお砂糖などの調味料はどう。
男：それは日曜日と月曜日だって。野菜は月曜日だ。これだと仕事帰りだね。
女：お野菜が必要ね。果物はないの。
男：それはチラシに載ってないね。でも全品 10%引きは金曜日だけだ。

二人は仕事帰りに何を買いますか。

答え　1

**１番**　B02　（問題は100ページ）

不動産屋で男の人と女の人が話をしています。男の人はこれから何をしますか。

男：１LDK のお部屋をお探しとのことですが。
女：駅からあまり遠くないところで、そんなに古くないのがいいな。
男：そうなるとこの辺りの７万円からということになりますが。管理費 5000 円です。
女：それくらいがいいかな。でももう少し安いところはあるの。
男：こちらはいかがですか。ちょっと駅から遠くなりますが、歩いて行ける範囲です。
女：管理費も安いのね。南向きなのがいいわね。でもトイレは浴室と一緒だわ。
男：こちらもあります。１R でも広いです。家賃の方は６万円です。

女：やっぱりちょっと離れているわね。でも間取りはいいわね。実際はどうなのかな。

男：じゃ、すべて内覧してみますか。ご案内します。

女：お願いします。

**男の人はこれから何をしますか。**

**答え** 4

**2番** B03 **（問題は100ページ）**

**農家は田植えが終わりました。これから二人は最初に何をしなければなりませんか。**

女：田植えが終わったけど、草取りが始まるわね。害虫も発生するし。

男：それが大変だね。

女：自然農法でカモを放すって手もあるわね。

男：アイガモ農法だね。今年はそれで行ってみるか。

女：害虫駆除だけでなく肥料も軽減できるって。

男：しかし逃げないようにネットを張らなきゃだめだ。君もできるか。

女：なんとかやってみるわ。

男：秋にはアイガモを捕まえて売りに出さないと。

**これから二人は最初に何をしなければなりませんか。**

**答え** 3

**3番** B04 **（問題は100ページ）**

**女の人と男の人が話をしています。男の人はこのあと何をしなければなりませんか。**

女：同じアルバイトでも格差があるっておかしいわよね。

男：でも、それを選んでアルバイトすることになるから、いいんじゃないの。

女：えっ、でも同じように働いて時給が違うって、腑に落ちないわよ。

男：それも日本社会の文化かもね。

僕は時給1100円のコンビニがいいな、シフト制があるから授業にも出られるし。

女：私はコーヒーショップね。結構時給は高いのよ。コーヒーが好きだし。

実践問題解答編

男：でもね、スキルが身につくかと考えるとちょっとね。
女：それってコーヒーのこと。
男：いや、僕の方だよ。ピザ店かレストランの裏方にしようかな。
女：何よ、もったいぶらないで決めなさいよ。
男：ともかく、今はアルバイトをやらないと生活の方が…。
女：じゃ、すぐにやらないとね。
男：よし、時給1100円に決めた。

**男の人はこのあと何をしなければなりませんか。**

答え　3

**4番** B05 **（問題は101ページ）**

**スマホのアプリを使って女の人が支払いをしています。**
**女の人は全部でいくら支払いますか。**

女：コース料理のＡとＢをいただいたのですが、
　Ａ市で応援しているアプリを使うと20%程割引されるって聞いたのですが。
男：はい、その通りです。入り口にも看板が出ていたと思いますが。
女：見落としちゃったのね。でいくらになるかしら。
男：Ａコースが税込みで2500円です。Ｂコースは同じく税込みで2800円です。
女：そこから20%が割り引かれるのね。
男：そうです。ですからＡコースは2000円で、Ｂコースは2240円と
　いうことになります。当店のポイントがあればそれも使えます。
女：そうなんだ。ポイントあるわ。
　ともかく最後のデザートのケーキとコーヒー、美味しかった。
男：ありがとうございます。ポイントは200点あります。それを使いますか。
女：全部使うわ。

**女の人は全部でいくら支払いますか。**

答え　3

## ５番　B06　（問題は101ページ）

大学の先生が留学生に話しています。

留学生はこの後まず何をしなければなりませんか。

女：４月には三年生ですね。将来、日本企業に就職するって言ってたようだけど。

男：はい、そうです。以前から決めていました。

　　まずインターンシップと日本語能力試験にチャレンジします。

女：日本語能力試験は７月と 12 月にありますね。

男：はい、頑張ります。N2 は７月ですから絶対合格します。

　　そして 12 月には N1 にもトライします。

女：申し込みは４月と９月ですね。日本の文化やマナーについてはどうですか。

男：それは今年と来年にかけて授業で学びます。

女：インターンシップは６月から始まりますから、申し込みを忘れないで。

男：もうインターネットで申し込みが始まります。

留学生はこの後まず何をしなければなりませんか。

答え　4

## 模擬試験　問題２　B07　（問題は101ページ）

問題２では、まず質問を聞いてください。

そのあと、問題用紙のせんたくしを読んでください。読む時間があります。

それから話を聞いて、問題用紙の１から４の中から、最もよいものを一つ選んでください。

**例**

母親と子供が話をしています。どうして男の子は宿題をしたくないのですか。

母：宿題終わったの？

子：わかったよ。これが終わったらやる。うるさいな。

母：なによ。ずっとゲームばかりやっているじゃない。

　スマホはそのために渡したんじゃないのよ。
子：わかっているって、ああ、いやになっちゃう。
母：何、言ってるの、結局あとになって泣きべそかくくせに。
子：そんなことないよ。宿題は少ないんだから、いつだってできる。

**どうして男の子は宿題をしたくないのですか。**

答え　1

**1番　B08　(問題は101ページ)**

**男の人と女の人が会社で話をしています。**
**男の人はどうして妻に怒られたと言っていますか。**

男：昨日、妻に「花に水をあげてね」って言われたんだ。
　ところがその声を上の空で聞いていたんだね。
　何しろ好きな音楽を聞いている最中だったので。
女：それで怒られたの。
男：怒られたならいいんだけど、「私を愛してないのね」と冷たく言われちゃった。
女：ほんとに愛していないの？
男：そんなことないだろう。まだ新婚ほやほやなんだぞ。
女：だったら、趣味よりもう少し奥さんの方を向いたら。それともおのろけ。

**男の人はどうして妻に怒られたと言っていますか。**

答え　2

**2番　B09　(問題は102ページ)**

**女の人と男の人が会社で話しています。男の人はどうして間違ってしまいましたか。**

女：元気がないみたいね。
男：昨日、遅くまで残業したからかな。でもまだ終わっていないんだよ。
女：私は手が空いているので手伝ってもいいわよ。
男：この見積もりの件だけど。どうも計算が合わないんだ。

他の書類作りは終わったけどね。

女：ちょっと見せて。数字が多くて難しそうね。

男：法改正があったので、それで計算し直したんだ。

女：何よ。これって法改正前の％（パーセンテージ）じゃないの。

男：えっ、そうなの。

女：どうして法改正の年度を見間違えたの。疲れているよ。

男：あ～あ、やっぱり君は職場の「相棒」だ。

**男の人はどうして間違ってしまいましたか。**

答え　3

**3番** B10 **（問題は102ページ）**

**男の人と女の人が住みよい街について話しています。**

**女の人の住みよい街の理由は何ですか。**

男：毎年、「住みよい街のランキング」ってあるけど、トップなどは変化ないね。

女：そうね。結局、住むに便利でお店が多いこと、

大きな公園があったりすることなどが理由に挙がっているわね。

男：それだって年代的にはずいぶん開きがあるじゃないの。

女：確かに。20代の人にとって静かな住宅街より、

にぎやかな街がいいに決まってるし。

男：そうだよね。僕なんかの世代は会社の近くに住みたいし。

女：私は今のところ、引越したいと思っているの。

男：やはり子育てが問題なんだろ。

女：そう。子育てに対する自治体の姿勢も関係するのよ。

男：結局、住みよい街って、年齢に関係なく市民にとって、生活環境の良さだね。

女：結果的に首都圏近郊になってしまうしね。

**女の人の住みよい街の理由は何ですか。**

答え　3

### 4番 B11 （問題は102ページ）

**女の学生と男の学生がレジュメについて話をしています。**
**男の学生はどうしてレジュメを書き上げていないのですか。**

女：今回のレジュメ、あなたが書くことになっているのよ。
男：それは分かっていたんだけど。まだ全部は読んでいなくて。
女：それって言い訳にならないじゃないの。
男：だから、ともかく今夜中に読み終えて、何とか書くよ。
女：いったい今まで何していたの。
男：アルバイトが忙しくてね。
女：スマホでゲームばかりやってたんじゃないの。
男：そんなこと絶対にない。ともかく明日は必ず持ってくるよ。
女：必ずよ、レジュメがなければゼミが始まらないんだから。

**男の学生はどうしてレジュメを書き上げていないのですか。**

答え　1

### 5番 B12 （問題は102ページ）

**女の人と男の人が詐欺事件について話をしています。**
**男の人は簡単な対策には何がいいと言っていますか。**

女：「危ない電話には出ないほうがいい」って書いてあるチラシを見たわ。
男：お年寄りに向けた電話での詐欺に注意ってことだろう。
女：まだ年間に数百億円の詐欺被害があるっていうの。驚きよね。
男：意外な対策があるって知ってる。例えば通話時の自動録音装置とか。
女：犯人の声を録音するのね。
男：それにもっと簡単なのは、留守番電話にして出ないこと。
女：それも録音されるわね。
男：そう、録音されることを詐欺師は一番嫌うんだって。証拠が残るからね。
女：じゃ、簡単なのを設定するようにおばあちゃんに知らせるわ。

男の人は簡単な対策には何がいいと言っていますか。

答え　4

### ６番　B13　（問題は102ページ）

男の人と女の人がリモートで話をしています。

男の人はポスターをいつ送る予定ですか。

男：いつもお世話になっています。OK 企画の谷口です。

女：はい、広報部の田中です。

男：先般、ご注文いただいたポスターの件ですが、
　いくつかデザインが出来上がりました。早速お送りしたいと思います。

女：できましたか。期待して待っていたのです。

男：とりあえずメールに添付してお送りします。
　いずれも当方としては最善を尽くしたものです。
　問題がありましたら、遠慮なく言っていただければありがたいです。

女：わかりました。
　新製品の広告ですから、売り上げもポスターにかかっていると思います。
　御社のデザイナーさんには期待しています。

男：ありがとうございます。あっ、それから、
　できれば早めに結果についてご連絡いただけるとありがたいのですが。

女：そうですね。今週末の広報担当者会議に諮りますから、
　来週中にはご連絡できると思います。

男：わかりました。よろしくお願いいたします。

女：こちらこそ。楽しみです。

男の人はポスターをいつ送る予定ですか。

答え　2

## 模擬試験　問題３　B14　（問題は103ページ）

問題３では、問題用紙に何もいんさつされていません。
この問題は、全体としてどんな内容かを聞く問題です。話の前に質問はありません。
まず話を聞いてください。それから、質問とせんたくしを聞いて、
１から４の中から、最もよいものを一つ選んでください。

例

評論家がテレビで日本経済について話しています。

男：日本は長いこと経済の低迷期に入りました。とりわけ2000年代に入ってからの賃金の固定化は日本経済の活力を低下させています。大企業の下請けなどが多い中小企業は、実は日本企業の99.7%です。この中小企業の活性化なくして、日本の賃金の固定化は解消されません。上昇のカギは、今や中小企業の統廃合でしかないのです。「中小企業を守る」という姿勢ではなく、活性化のため、政策的努力が必要なのです。なによりも人材育成を通して生産力をつけなければならないのです。

評論家はテレビで何を言おうとしているのでしょうか。

1　日本経済は低迷期にあることについて。
2　賃金の固定化の克服について。
3　中小企業の人材育成について。
4　中小企業を守ることについて。

答え　2

### 1番　B15　（問題は103ページ）

女の人と男の人が家の前で話しています。

女：こんにちは、奥さん居りますか。
男：いま、そこいらへ行っています。もうじき帰ってくると思います。
女：アプリコットを持ってきたのですが。奥さんとお会いした時、

ジャムを作りたいとおっしゃってたので。
男：あっ、そうですか。ありがとうございます。
女：ところでご主人は以前絵を描いてましたね。
男：はい、そうです。今は陶器を作ってます。
女：失礼ですが、お生まれはどちらの国ですか。
男：私はフランスの南東部のリヨンです。
女：あ～っ、世界文化遺産のある街ですね。

**女の人は何をしに来ましたか。**

1　奥さんに会いに来た。
2　絵を見に来た。
3　アプリコットを食べに来た。
4　フランスの話をしに来た。

答え　1

**2番　B16　(問題は103ページ)**

**大学の先生が、インタビューに応えています。**

女：先生は山里についてどう思われますか
男：山里を歩いていると、ふと風が吹いて黄葉が落ちてきたりしますね。そんなとき、黄金の中に身を置いているような錯覚に陥ります。途端に喜びと楽しさが重なって、思わぬ感動を味わいますよ。さらに藁ぶき屋根の民家が見えたりすると、「これが日本の美しさだ」などと叫びたくなるほどです。いずれにしても、毎日の生活を都会という幾何学的な建物の中に閉じ込められていますから、私は山里・里山など日本の原風景にあこがれるのです。

**先生は山里の風景をどう思っていますか。**

1　黄金の中にいるようだ。
2　喜びと悲しみを感じる。
3　都会の幾何学的な建物にあこがれる。

4　日本の原風景を感じる。

答え　4

## 3番　B17　(問題は103ページ)

**熱中症対策についてレポーターが女の人に聞いています。**

男：この暑さで熱中症にかかる人が多いです。何か対策を取っていますか。
女：仕事で職場にいるときはクーラーで対策はとれています。
学校に行っている子供たちのことがちょっと心配ですね。
対策としては大きめの水筒にスポーツドリンクを入れて、
こまめに水分を取るよう伝えています。登下校時も日陰を歩くようにと言ってます。
男：それは大切なことですね。
女：でも家にいる祖母は高齢なのでそっちが心配です。
エアコンで室内温度を調整するようにと言って出かけてきますが、
日中は室内温度も高くなりますからね。
男：そうですね。室内温度はこまめに確認することが大切ですね。
熱中症の半数が高齢者と言われておりますので気を付けてください。
女：はい、ありがとうございます。

**女の人は子供の熱中症対策についてどうだと言っていますか。**

1　室内温度をこまめに確認しましょう。
2　熱中症は半数が高齢者なので心配だ。
3　こまめに水分を取りましょう。
4　水筒にはスポーツドリンクで安心だ。

答え　3

## 4番　B18　(問題は103ページ)

**冬の富士山に登った登山家がインタビューで話しています。**

男：この季節になると、かなり積雪も多くなり五合目辺りまで積もっています。そこにテントを張っていますから、夕方を目標に戻って来ました。富士山の冬はもう何度も登っていますが、それでも靄がかかったので厄介でしたね。八合目ぐらいまで登りますと完全にアイスバーンになっていましたからね。ともかく一歩一歩、注意して登りましたよ。ピッケルはしっかりと刺して、アイゼンでがっちりと踏みしめてですね。頂上付近はけっこう風も激しく吹き付けてきましたね。今回は三人で登りました。

**登山家は冬の富士山はどうだったと言っていますか。**

1 富士山は山小屋がいい。
2 靄が出たが楽しかった。
3 風が出たがたいしたことはなかった。
4 八合目はアイスバーンになっていた。

**答え** 4

**5番** B19 **(問題は103ページ)**

**会社で女の人と男の人が話しています。**

女：ちょっと相談していいですか。仕事外なんですけど。
男：仕事外、何？
女：先輩は歴史を尋ねる旅行が趣味ですよね。
男：あ～っ、そのことで、何か。
女：実は友達が日本に来るので、京都あたりを案内したいと思っているんです。ここが良いってとこありますか。
男：京都はどこへ行っても日本の歴史と文化そのものだから、観光のメインを歩けばいいんじゃないの。
女：その友達は、禅に興味をもっているので。
男：それじゃ、京都最大の禅寺である南禅寺に行けばいい。
女：そこは私も行ったことがあります。紅葉の時に。
男：大方の観光客はみんな行くよね。後は京都五山かな。
女：京都五山か。ちょっと調べてみます。
男：それよりも、代理店へのチラシの件は終わったの。
女：あっ、先ほど全店にメールして、添付しました。報告遅れてすみません。

実践問題解答編

女の人は京都についてどう思っていますか。

1　外国人には京都を案内するのがいい。
2　外国人には日本の歴史と文化を教えたい。
3　外国人には禅がよく似合う。
4　代理店へのチラシより重要だと思っている。

答え　1

## 模擬試験　問題４　B20　（問題は103ページ）

（問題は103ページ）

問題４では、問題用紙に何もいんさつされていません。
まず文を聞いてください。それから、それに対する返事を聞いて、
１から３の中から、最もよいものを一つ選んでください。

例

女：アパートを移るんだって、一人で運べるの？

男：1　マイカーでドライブだ。
　　2　タクシーに乗って行く。
　　3　1トン車を借りたんだよ。

答え　3

### １番　B21　（問題は103ページ）

男：スピーチの内容はなかなかだったね。

女：1　原稿は先生に見てもらったの。
　　2　原稿は書きなぐったよ。
　　3　原稿は先生に見せなかったのよ。

答え　1

### ２番　B22　（問題は103ページ）

女：クラウドファンディングを始めたのよ。

男：1　思いのほか簡単なんだって。

　　2　念願の企業を立ち上げたんだね。

　　3　やっぱり元気そうだね。

答え　2

**３番　B23　（問題は103ページ）**

**男：N2の試験日が近づいているんだ。**

女：1　気分転換に旅行した方がいい。

　　2　お疲れさまでしたわね。

　　3　やるだけのことはやったんでしょ？

答え　3

**４番　B24　（問題は103ページ）**

**女：優勝したの、こんな事めったにないんじゃない？**

男：1　いや、初めてのことで嬉しいよ。

　　2　いつものことなので、忙しかった。

　　3　とんでもないものを食べてしまった。

答え　1

**５番　B25　（問題は104ページ）**

**男：僕は音痴なので、歌うつもりじゃなかった。**

女：1　みんなのために聴いた方がいいわ。

　　2　結構上手だったわよ。

　　3　カラオケは好きじゃないのよ。

答え　2

**６番　B26　（問題は104ページ）**

**女：研究成果を当社で活用させていただけないでしょうか。**

男：1　これは秘密事項ですから。

2　契約は、あとで考えますから。

3　広く社会に伝わるのはありがたいです。

答え　3

**7番** B27 **(問題は104ページ)**

**男：一緒に山に来ればよかったのに。**

女：1　あいにく仕事が入ってね。

2　あいにくケガをするので。

3　あいにく試験が終わったので。

答え　1

**8番** B28 **(問題は104ページ)**

**女：当社の製品の優れているところ分かりますか。**

男：1　コマーシャルが上手だということかな。

2　研究者の長年の研究の成果ですね。

3　商品の安さが要因ですね。

答え　2

**9番** B29 **(問題は104ページ)**

**男：家を早めに出たつもりだったんですが。**

女：1　何を言ってるの、遅刻は遅刻なのよ。

2　何を言ってるの、旅行すればいいじゃないの。

3　何を言ってるの、早すぎたじゃない。

答え　1

**10番** B30 **(問題は104ページ)**

**女：チケットを求めて並んだら、途中で終わっちゃってがっかりしたわ。**

男：1　君はチケットを売っていたんだね。

2　チケット配る前に数を数えたの？

3　スマホでの申し込みはできなかったんだ。

答え　3

11番　B31　（問題は104ページ）

男：では、何時ごろがよろしいでしょうか。

女：1　そうね、早ければ早いほどなの。

2　三時には、皆さん集まりますのでその前に。

3　二時になると、私たちの歌が始まった。

答え　2

12番　B32　（問題は104ページ）

女：限定品だっていうから並んだのに売り切れだって、がっかりよ。

男：1　ほかのものは買わなかったよ。

2　もう少し早く出かければ良かったね。

3　それを言うなら、うっかりだね。

答え　2

## 模擬試験　問題5　B33　（問題は104ページ）

問題5では、長めの話を聞きます。この問題には練習はありません。

メモをとってもかまいません。

1番　B34　（問題は104ページ）

問題用紙には何もいんさつされていません。まず話を聞いてください。

それから、質問とせんたくしを聞いて、１から４の中から、

最もよいものを一つ選んでください。

女の社長と経営コンサルタントが会社の存続について話をしています。

女：銀行からの融資も厳しいですね、負債を重ねるばかりですから。

実践問題解答編

男：コロナ禍、円安、それにインフレが重なっていますからね。

女：ウチのような中小企業は、原材料の高騰で売り上げも落ち込みがひどいです。取引相手は値上げに敏感ですしね…。

男：人員整理もやむを得ないと考えているのですか。

女：社長である私の給与を半分にして、そのあと社員の問題に取り組もうと。

男：社長の給与を半分にするというのは会社の終わりということですね。

女：会社の再建のためには、それくらい思い切ってやらないと。

男：しかし、常識的に言って会社の信用を落としますよ。

再建のためには御社と同業者同士の合併をお勧めします。

女：そうでしょうね。やっぱり。

**この後社長はまず何をしますか。**

1　社長の給与を半分にする。

2　社員の人員整理をする。

3　銀行の融資を申し込む。

4　同業者同士の合併を進める。

答え　4

**2番**　B35　**（問題は104ページ）**

**問題用紙には何もいんさつされていません。まず話を聞いてください。**

**それから、質問とせんたくしを聞いて、１から４の中から、**

**最もよいものを一つ選んでください。**

**夫婦が子供を見ながら話しています。**

父：今どきの子供はスマホ一辺倒だね。

母：そうね。勉強しているのかしらって思うわよ。

でも聞いてみると「やってるよ」だって。

父：将来の夢などあるのかな。ちょっと聞いてみようか。

おーい、俊介、ちょっと聞きたいことがあるんだけど。

子：な～に。忙しんだけど。
母：忙しって言ったって、スマホいじっているだけじゃないの。
子：だから忙しいんだよ。
父：俊介は将来、何になりたいと思っているんだ。
子：ああ、将来ね。断然ユーチューバーだよ。
　いろんな動画を投稿してさ、フォロアーを拡大するんだ。
母：そんなんで、ちゃんとした生活やっていけるの。
子：ユーチューバーになればやっていけるよ。
　とっても楽しいし、収入も多いしね。
父：ふ～ん。私らの子供のころはサッカー選手にあこがれたけどね。
母：そうね。私はアイドルにあこがれたけど、受験勉強にも夢中だったわ。
子：特に用がないなら僕は行くよ。

**両親は子供に何を聞きたかったのですか。**

1　将来の夢について。
2　心配な受験勉強について。
3　ユーチューバーについて。
4　サッカー選手について。

答え　1

**3番** B36 **（問題は105ページ）**

**まず話を聞いてください。それから、二つの質問を聞いて、それぞれ問題用紙の１から４の中から、最もよいものを一つ選んでください。**

**鉄道博物館で解説員が日本の鉄道の歴史について話しています。**

男　：日本に鉄道が敷設されてから150年が過ぎました。日本の近現代史と共に存在したということです。初期は幹線形成期で、全国につながりました。第二期は約100年前、各都市部における路面電車など、鉄道網の普及です。その後、日本は第二次世界大戦などに突入しました。結果は国内の鉄道のほとんどを失い、戦後は焼失した国内復興に明け暮れました。それが第三期だと思います。それから新幹線が登場し、国の管理を民営化して「国鉄」は分割されました。名称も「JR」に変わりました。同時に地下鉄網も発展し、ローカル線は第三セクターなどに移管され、統廃合が進んでいます。現在では世界的に評価の高い存在となっています。

男２：ぼくたち鉄道マニアとしては写真ばかりじゃなく、ちゃんとした歴史も知らないとだめだね。

女　：そうね。あそこがいい、ここがいいって写真を撮ってるけど、鉄道の歴史があって、はじめて存在するのよ。

男２：そういえば、以前東南アジアで、日本の古いディーゼル機関車を見たことがある。上手に使っていたよ。
ディーゼル機関車の歴史を知りたいね。

女　：ディーゼル機関車は100年の歴史があるって。

男２：そうなんだ。だったら鉄道の歴史を各期ごとに学ぶのも面白いね。

女　：私はローカル電車かな。でも、やっぱし新幹線が好きなのよ。

**質問１　男２の人はどの時代の歴史から学びたいと思っていますか。**

答え　2

**質問２　女の人はどの時代の歴史から学びたいと思っていますか。**

答え　4

【監修者紹介】

◎南雲智：東京都立大学名誉教授。2019年、一般社団法人留学生就職サポート協会を設立し、理事長に就任。日本企業で働きたい外国人留学生向けに各種教育・啓発活動を行い、優秀な外国人留学生の就職をサポートしている。

【著者紹介】

◎建石一郎：元中国東北師範大学外籍教師<br>元ウズベキスタン、タシケント国立経済大学日本語教師<br>元スリランカ、ケラニア大学日本語教師

**よくわかる！日本語能力試験　N２合格テキスト〈聴解〉**

2024年1月5日　初版第1刷発行

監　修　南雲　智<br>
著　者　建石一郎<br>
発行所　留学生就職サポート協会<br>
発売元　論 創 社

〒101-0051 東京都千代田区神田神保町 2-23　北井ビル<br>
tel. 03(3264)5254　fax. 03(3264)5232　http://ronso.co.jp<br>
振替口座　00160-1-15526

本文・カバーデザイン　岡本美智代（mos96）<br>
マネージメント　株式会社 CIRCUS<br>
ナレーション　呉羽藍依　長岡晃広　佐山ゆい

印刷・製本　精文堂印刷　組版　桃青社<br>
ISBN978-4-8460-2243-3<br>
落丁・乱丁本はお取替えいたします。